Storl • Dressur von A nach L

Werner Storl

Dressur von A nach L

Müller Rüschlikon

ISBN 3-275-01208-8

1. Auflage 1996

Titelfoto: Lothar Lenz, Cochem
Zeichnungen: Marianne Merz
Cartoon auf S. 91: Jennifer Chapatte
Lektorat: Carola Nowak

Satz: Tipografia Grafica Bellinzona SA, CH-6702 Claro
Druck und Bindung: Wilhelm Röck, D-74189 Weinsberg
Printed in Germany

Reiten ist erst dann eine wahre Freude,
wenn du durch eine lange Schule der Geduld,
der Feinfühligkeit und der Energie
gegangen bist, die dir das Pferd erteilt.

Rudolf G. Binding

Inhalt

Vorwort

Die meisten Reiter, die sich um Fortschritte im Dressurreiten bemühen, kommen nicht über die Klasse A hinaus. Sie reiten und üben, exerzieren und kämpfen mit ihren Pferden und kaufen – falls sie finanziell dazu in der Lage sind – im Laufe der Jahre immer neue Pferde. Doch der Erfolg bleibt aus.
In diesem Buch sollen die Gründe solcher Mißerfolge gesucht und dargestellt werden. Es wendet sich somit nicht nur an die betroffenen und interessierten Reiter, sondern zum Teil auch an die Ausbilder. Es vermittelt neben umfassenden theoretischen Darstellungen vor allem praktische Ratschläge für die Reitfertigkeit bis zur Dressurprüfung der Klasse L, in der der Übergang von der Trense zur Kandare erfolgt.
Meine Freude wäre groß, wenn ich mit diesem kleinen Werk vielen Reitern den Weg in die fortgeschrittene Dressurarbeit ebnen könnte.
Der Müller Rüschlikon Verlags AG sage ich bei dieser Gelegenheit herzlichen Dank für die verlegerische Betreuung.

Werner Storl

Tangstedt, im Sommer 1996

Die Voraussetzungen

Um den Weg von A nach L erfolgreich gehen zu können, gibt es mehrere unumstößliche Voraussetzungen:

1. Das geeignete Pferd
2. Den richtigen Reitlehrer
3. Ein klares Bild über die geforderten Kriterien der Dressurklassen A und L
4. Eine abgeschlossene Grundausbildung mit einem reiterlichen Können, das mit einer unbedingten A-Reife bezeichnet werden muß

Das geeignete Pferd kann man mit Geld erwerben, einen guten Ausbilder mit viel Glück finden, das theoretische Wissen kann man sich aus guten Büchern holen, aber das reiterliche Können muß man sich in Hunderten und Tausenden von Stunden erarbeitet haben, und man wird es sich in Zukunft auch weiterhin erarbeiten müssen.

Nur wer weiß, daß nicht nur eine schöne, sondern auch eine geduldige und mühevolle Arbeit vor ihm liegt, der sollte das Ziel der fortgeschrittenen Dressurarbeit ins Auge fassen.

Dies ist die fünfte Voraussetzung.

Das geeignete Pferd

Falls Sie bisher im Schulbetrieb ritten, muß gesagt werden, daß es nur wenige Ställe und Reitschulen gibt, in denen Sie die fortgeschrittene Kunst der Dressurreiterei erlernen können. Den Weg nach L sollten Sie besser mit einem eigenen Pferd beschreiten, denn jetzt brauchen Sie eine echte und innige Partnerschaft zum Pferd. Der weitere Weg besteht nicht nur – wie viele meinen mögen – aus einer täglichen intensiven Dressurarbeit in der Halle oder auf dem Viereck, sondern auch aus kleinen Spazierritten

sowie regelmäßigem Weidegang oder Aufenthalt im Paddock.
In den meisten Fällen wird der Reiter oder die Reiterin jedoch das bisherige Pferd behalten und weiter fördern wollen – vorausgesetzt, daß die notwendigen Anlagen vorhanden sind. Welche Voraussetzungen muß also ein Pferd mitbringen, das in der weiteren Dressurarbeit verwendet werden soll?
Sehr wichtig sind klare Grundgangarten und eine solide Basisausbildung bis zur A-Dressur. Ferner sind gefordert: Handlichkeit, Gehorsam, Rittigkeit und Leistungsbereitschaft bei schöner Gehfreude. Das Pferd darf weder Maul-, Hals- noch Rückenschwierigkeiten haben. Der Hals sollte nicht zu tief angesetzt und der Rücken nicht zu kurz sein. Gewünscht ist ein kraftvoller und diagonaler Antritt im Trab «durch das Genick», wobei das Pferd in möglichst enger Schmalspur unter den Schwerpunkt treten sollte. Aber nicht nur das äußere Gleichgewicht ist wichtig, sondern auch das innere! Geringe körperliche Fehler lassen sich oft in der Ausbildung korrigieren, während sich psychische Schwierigkeiten meist viel hartnäckiger halten und zur Korrektur sehr viel Zeit brauchen, sofern sie überhaupt zu beheben sind.

Vor einem Pferdekauf sollte man sich unbedingt mit der einschlägigen Literatur befassen oder – besser noch – einen wirklichen Fachmann mitnehmen.
Selbstverständlich ist es ein großer Glücksfall, wenn ein talentierter Reiter, der sein Pferd bis zur A-Reife gefördert hat, mit diesem die weitere Arbeit fortsetzen kann. Dazu gehört aber noch ein weiterer Glücksfall: ein guter Ausbilder.

Als Grundregel gilt:
Der lernende Reiter gehört auf ein ausgebildetes Pferd – in unserem Fall heißt das, daß der Weg von A nach L über ein Pferd führt, von dem der Reiter lernen kann.

Der richtige Ausbilder

Ausbilder gibt es viele – gute Ausbilder jedoch viel zu wenige. Was muß also ein Ausbilder können, der Sie weiter fördern soll? Vorherrschend waren bisher die Schulung des Sitzes und die Basisarbeit. Aber Ihr künftiger Ausbilder muß mehr können als: «Hände still, Hacken tief, gerade sitzen!» – obwohl, und das sei

Der Sitz – das A und O guten Reitens
Reiten lernen heißt zunächst: sitzen lernen.
Besser reiten wollen heißt: besser sitzen.
Nur wer gut sitzt, kann gut reiten!

besonders betont, gerade jetzt größtes Augenmerk auf die Feinheiten der Sitzschulung zu legen ist.

Nun werden Sie vielleicht nach dem Unterschied fragen zwischen dem Sitz einer abgeschlossenen Grundausbildung und dem Sitzenlernen, das Ihnen jetzt bevorsteht. Hier die klare Antwort: Der bisherige Sitz war notwendig für die Hilfengebung in den Grundgangarten und Basislektionen: gerade, still und im tiefsten Punkt des Sattels. Die Hilfengebung aus diesem Sitz möchte ich als das Erlernen eines *Handwerks* bezeichnen. Der neue Faktor der künftigen Ausbildung heißt: *fühlen lernen.*

Dieses Fühlen erfolgt mit dem Gesäß, mit den Schenkeln und mit der Hand. Sie sollen fühlen lernen, ob

- das Pferd richtig auf seinen vier Beinen steht;
- das Pferd auf dem Gebiß kaut oder im Maul tot ist;
- das Pferd sich losgelassen hat und im Rücken schwingt;
- das Pferd unter den Schwerpunkt springt und «Bergaufgalopp» geht;
- Ihr Schwerpunkt mit dem des Pferdes übereinstimmt – und so weiter...

Sie benötigen somit einen Ausbilder, der die zu erreichenden Gefühle mit Worten vermitteln kann und die Stufenleiter der Ausbildung kennt; der sich ferner mit Sportlehre, Pädagogik, Menschenführung und mentalem Training befaßt hat; der Sie das richtige Atmen lehrt, Sie und Ihr Pferd zur Losgelassenheit bringt und bei alledem unermüdlich an Ihrem Sitz arbeitet.

Zugegeben: Der Katalog der Anforderungen ist groß. Sie sollten aber bedenken, daß jetzt, beim Übergang von A nach L, die Entwicklung vom Reit-Handwerk zur *Reitkunst* beginnt. Von nun an müssen Ausbilder, Reiter und Pferd ein Team bilden, und – was besonders wichtig ist – die Freude an der Arbeit darf bei allen dreien nie verlorengehen.

Haben Sie einen Reitlehrer, der Ihnen zuruft: «Nun hau ihm doch endlich mal eins zwischen die Ohren», oder «Hau ihm mal die Zinken rein», dann haben Sie höchstwahrscheinlich nicht den richtigen Ausbilder entdeckt. Versucht er aber, Ihnen beizubringen, daß Sie die Schuld eines Mißerfolges zuerst bei sich zu suchen haben, dann wird es ein geeigneter Ausbilder sein.

Die Kriterien der Dressurklassen A und L

Maßgebend für die dressurmäßige Ausbildung der Pferde – und somit auch für das reiterliche Können – sind die von der Deutschen Reiterlichen Vereinigung (FN) herausgegebenen *Richtlinien für Reiten und Fahren, Band 1 und 2* sowie das Aufgabenheft, das Bestandteil der *LPO* (Leistungsprüfungsordnung) ist. In Österreich und in der Schweiz gibt es entsprechende Regelwerke, die von den reiterlichen Dachorganisationen herausgegeben werden (Adressen siehe Seite 108).

Die Anforderungen in der A-Dressur beziehen sich hauptsächlich auf:

- Sitz und Einwirkung des Reiters sowie auf die Korrektheit der gerittenen Lektionen und Bahnfiguren.
- den Ausbildungsstand des Pferdes. Dabei werden gefordert: Losgelassenheit, Gehorsam und Gleichgewicht. Das Pferd soll an den Hilfen stehen und mit geschlossenem Maul am Gebiß kauen.
- In den Dressurprüfungen der Klasse A werden folgende Lektionen gefordert: Mittelschritt mit Viereck verkleinern und vergrößern, Arbeitstrab mit Zehn-Meter-Trabvolte, Mitteltrab, Arbeits- und Mittelgalopp, Schlangenlinien, Vorhandwendung, Halten aus dem Trab, Rückwärtsrichten und Anreiten aus dem Rückwärtsrichten sowie der einfache Galoppwechsel.

Die Anforderungen in der L-Dressur

Das Hauptaugenmerk in der Klasse L ist auf eine deutliche Verbesserung der Durchlässigkeit und auf eine vermehrte Belastung der Hinterhand zu richten. Durch die Gewichtaufnahme der Hinterbeine beginnt die Versammlung, die eine relative Aufrichtung der Vorhand zur Folge hat. Ein weiteres Kriterium ist die vollkommene Losgelassenheit mit schwingendem Pferderücken.
In L-Prüfungen werden, neben den in Klasse A verlangten, folgende Lektionen gefordert:

- versammelter Trab und versammelter Galopp, jeweils mit Acht-Meter-Volte
- doppelte Schlangenlinie im versammelten Trab
- Kehrtwendung auf der Hinterhand und Kurzkehrt (auch bei X)
- Außengalopp auf beiden Händen
- Arbeitsgalopp auf dem Zirkel mit Zügel-aus-der-Hand-kauen-lassen

- Mittelgalopp mit Überstreichen
- Angaloppieren aus dem Rückwärtsrichten
- einfacher Wechsel von Außengalopp zu Außengalopp auf dem Zirkel

Selbstverständlich gibt es auch in L mehrere Prüfungsaufgaben mit einer Steigerung der Anforderungen, wobei die einen auf Trense und die anderen auf Kandare geritten werden. Von A aus betrachtet, stellt die L-Dressur eine erhebliche Steigerung der Anforderungen an Reiter und Pferd dar.

Wann ist der Reiter «reif» für die Klasse L?

Sie sollten schon mehrmals mit guten Erfolgen an Dressurprüfungen der Klasse A teilgenommen haben, das heißt: mit Wertnoten, die über 6,0 liegen. Ausschlaggebend für die L-Reife sollte die Meinung Ihres Ausbilders sein. Unbedingte Voraussetzungen sind ein völlig losgelassener Balancesitz und die einwandfreie Beherrschung des einfachen Galoppwechsels, bei dem die Parade vom Galopp zum Schritt ohne Trab-Zwischentritte erfolgt und das saubere Angaloppieren aus dem Schritt ebenfalls ohne Trabtritte stattfindet.
Müseler hat einmal geschrieben: «Die meisten Reiter wissen nicht, was eine Parade ist. Sie haben wohl schon davon gehört, aber es genügt ihnen, daß sie davon gehört haben.» Zu diesen Reitern sollten Sie nicht gehören!
Ich möchte die Voraussetzungen für L-Arbeit mit dem Satz ausdrücken: Wer wirklich entdeckt hat, was es heißt, sein Pferd «am Kreuz» zu haben, der bringt schon sehr viel mit!
Zum Schluß möchte ich noch eine Warnung aussprechen: Auch wenn Ihr Pferd bereits eine Hinterhandwendung macht oder Außengalopp geht, sollten Sie das nicht in dem Satz ausdrücken: «Mein Pferd geht L.» Die Anforderungen in der Klasse L liegen nicht in der Absolvierung von geforderten Lektionen, sondern auf ganz anderem Gebiet: in einer Verbesserung der Durchlässigkeit, des Gangvermögens, des Schwunges und der Tätigkeit der Hinterbeine.

Das geistige Rüstzeug

Die Grundsätze unserer Reitlehre

Reiten lernt man nur durch reiten - aber das Wissen muß dem Können stets vorausgehen.

Oberst Waldemar Seunig

Diesem Lehrsatz folgend sollte der fortgeschrittene Reiter unbedingt den Aufbau unserer Reitlehre kennen. Das System dieser Lehre basiert auf einer stufenweisen gymnastischen Ausbildung des Pferdes und wurde vom französischen Reitmeister de la Guérinière entwickelt. Er lebte vor etwa 250 Jahren (um 1750) und gilt unter anderem als der Erfinder des Balancesitzes. De la Guérinière hat den Zweck der Ausbildung im folgenden Satz ausgedrückt: *«Der Zweck der Ausbildung eines Pferdes ist, es durch systematische Arbeit ruhig, gewandt und gehorsam zu machen, damit es angenehm in seinen Bewegungen und bequem für den Reiter wird. Dies gilt in gleicher Weise sowohl für das Jagd- als auch für das Schulpferd.»*

Dieser Satz, obwohl vor 250 Jahren geschrieben, hat heute noch volle Gültigkeit. Der stufenweisen Ausbildung des Pferdes – und auch des Reiters – liegt ein System der Logik zugrunde, das nicht willkürlich geändert oder abgekürzt werden kann, weil jede Ausbildungsstufe auf der vorangegangenen aufgebaut wird.

Merksatz:
Ausbildung heißt Gymnastizierung des Pferdes sowie Förderung seiner psychischen Entwicklung.

Die Ausbildungsskala

In der hinter uns liegenden Phase der Ausbildung (A-Dressur) sollte das Pferd gelernt haben, sich loszulassen, einen sauberen Takt in allen drei Gangarten zu gehen, am Zügel zu stehen und mit den Hinterbeinen einen kraftvollen Schub zu entwickeln. Damit war die erste Phase der Ausbildung, die sogenannte Grundausbildung, abgeschlossen.

Die vor uns liegende Ausbildungsskala heißt:

Geraderichten, Entwicklung des Schwunges, beginnende Versammlung. Das Ziel dieser zweiten Phase ist die Entwicklung der Tragkraft der Hinterbeine.

Hierzu ein paar nähere Erläuterungen. Es wird die Frage auftauchen, warum das *Geraderichten* als erste Forderung genannt wird. Die Antwort lautet: Weil die Schubkraft aus den Hinterbeinen nur bei einem wirklich geradegestellten Pferd über den Schwerpunkt und weiter über Wirbelsäule und Genick bis in das Pferdemaul gehen kann beziehungsweise bei einer Parade auch den umgekehrten Weg vom Pferdemaul bis in die Hinterbeine. Erst wenn das Pferd geradegerichtet ist, kann man auf geraden Linien beiden Hinterbeinen mehr Gewicht zuschieben, sie somit vermehrt zum *Tragen* veranlassen. Dies ist der Vorgang des Versammelns (auf den Hinterbeinen), dem später – fast wie von selbst – die Aufrichtung folgt, die wir «relative» Aufrichtung nennen. Über aller Arbeit steht dabei aber der Gedanke, die Hinterhand zu gymnastizieren und zu kräftigen, damit sie auch in der Lage ist, mehr und mehr Gewicht aufzunehmen. Es handelt sich dabei um einen Vorgang – und das sei ausdrücklich erwähnt –, der einiges an reiterlichem Können und viel Zeit erfordert.

So manches Pferd wurde dabei durch abkürzende «Schnelldressuren» schon zu Schaden geritten.

Das Ziel unserer Arbeit, das wir nie aus den Augen verlieren dürfen, muß sein: ein auf beiden Seiten völlig durchlässiges, leicht und angenehm an der Hand stehendes leichtrittiges Pferd, das mit aktiver Hinterhand in vollkommener Harmonie geht.

Hierzu hat Müseler den Satz geprägt: *«Man muß es dem Pferd ansehen, daß es sich wohlfühlt, aber man darf es dem Reiter nicht anmerken, wie schwer der Weg ist.»*

(Wilhelm Müseler, Reitlehre, erschienen im Müller Rüschlikon Verlag)

Paraden

Man sollte annehmen, daß ein Reiter, der den Reiterpaß oder das Reiterabzeichen in Bronze erworben hat, eine Parade geben kann. Das Wissen um diese Lektion ist jedoch sehr schwach.
Ich habe schon viele Reiter mit angeblich abgeschlossener Grundausbildung danach gefragt und in den meisten Fällen folgende Antwort bekommen: «Bei der Parade nehme ich einen oder auch beide Zügel einmal kurz an – oder auch mehrmals hintereinander.» Und auf die Zusatzfrage: «Und was ist dabei sonst noch zu beachten?» kommt dann eventuell noch die Antwort: «Ach ja, und dann muß noch der Schenkel ran.»
Vom Kreuz, vom Schwerpunkt und von den Hinterbeinen des Pferdes spricht kaum einer, und damit ist klar, daß die meisten Reiter auf diesem Niveau den Sinn einer Parade nicht begriffen haben. Bei dem Wort Parade denken die meisten nur an die Hand. Es taucht die Frage auf, ob hier nicht ein Versäumnis in der Ausbildung liegt.
Selbstverständlich kann man mit der Hand ein Pferd zur nächstniedrigen Gangart bringen oder auch zum Halten, aber mit einer Parade hat dies nichts zu tun! Doch auch aus dem Munde von Ausbildern hört man immer wieder Anweisungen wie: «Halbe Parade am äußeren Zügel!» So kommt es, daß die Hand auch bei allen anderen Hilfen vorherrschend wird, zum Beispiel beim An-die-Hilfen-Stellen und beim Rückwärtsrichten. Dies ist aber auch der Hauptgrund, weshalb die meisten Reiter trotz ständiger Bemühungen nicht einmal zu einer soliden A-Dressur kommen.
Es gibt beim Reiten kaum ein Thema, das mit so vielen Mißverständnissen und Mängeln an Wissen und Können behaftet ist wie der Begriff Parade. Dies ist vor allem in den unteren Ausbildungsstufen der Klassen E und A der Fall, obwohl – und das muß zugegeben werden – in dieser Ausbildungsstufe noch keine exakte und vollendete Parade gegeben werden kann, wie wir gleich sehen werden.
Die Parade ist eine versammelnde Lektion – noch dazu eine der wichtigsten. Und da der Anfänger und zum Teil der Fortgeschrittene vom Sitz und von der Einwirkung her nicht in der Lage ist, sein Pferd zu versammeln, ist es ihm auch nicht möglich, eine Parade zu reiten – oder, wie wir fälschlich sagen: zu «geben».
Das Wissen um die Parade ist so interessant und diffizil, daß dieses Thema zum wichtigsten Rüstzeug für den fortgeschrittenen Reiter der Klasse L gehören muß. Schauen wir uns zunächst an, was die Ausbildungs-Richtlinien

sagen. In den Richtlinien der FN *Grundausbildung für Reiter und Pferde, Band 1, Ausgabe 1994,* lesen wir über die «ganze» und «halbe» Parade folgendes:
«Jede Parade, die zum Halten führt, ist eine ganze Parade. Alle anderen Paraden werden als halbe Paraden bezeichnet.
Halbe Paraden werden gegeben, um

- Übergänge von einer Gangart in die andere zu reiten,
- das Gangmaß innerhalb einer Gangart zu verkürzen beziehungsweise zu regulieren,
- das Pferd vor einer neuen Übung oder Lektion aufmerksam zu machen,
- Versammlung und Haltung während der Bewegung zu verbessern beziehungsweise zu erhalten.»

Bei dieser Definition der halben Parade tauchen sehr leicht Mißverständnisse und Fragen auf.
Ein Beispiel: Sie sitzen beim Einzelunterricht zu Pferde und reiten Mittelgalopp. Ihr Ausbilder gibt die Anweisung: «Geben Sie eine halbe Parade!» Wenn Sie das Wissen um die halbe Parade beherrschen, dann müßten Sie Ihren Ausbilder jetzt fragen: «Meinen Sie zum Arbeitsgalopp, zum versammelten Galopp, zum Trab, zum Schritt oder um im Galopp die Haltung zu verbessern?»
Hier müßte die Anweisung besser lauten: «Bei A Arbeitsgalopp», oder: «Parade zum Arbeitstrab», und so weiter. Daß jede Veränderung durch eine Parade geschieht, ist eine reiterliche Selbstverständlichkeit. Doch wenn der Ausbilder mit seiner Anweisung: «Geben Sie eine halbe Parade!» einen anderen Fehler korrigieren wollte, dann müßte das präziser gesagt werden als mit dem Sammelbegriff der halben Parade – so zum Beispiel: «Mit dem äußeren Zügel die Anlehnung verbessern», oder: «Innerer Schenkel! Das Pferd springt nicht mehr durch», oder: «Einfangen, das Pferd läuft davon!»
Der Begriff «halbe Parade» nützt dem Reiter nichts, wenn er nicht weiß, was damit erreicht werden soll.
In der reitgeschichtlichen Entwicklung bezweckte die Parade früher allein die Gymnastizierung und Beugung der Hinterbeine, also die Vervollkommnung der Dressurhaltung des Pferdes. Man gymnastizierte auf dem Zirkel zunächst nur *ein* Hinterbein (das innere) und schob diesem vermehrt Gewicht zu. Diese Arbeit nannte man «halbe Paraden». Waren beide Hinterbeine genügend ausgebildet und gefestigt, dann schob man auf der Geraden *beiden* Hinterbeinen mehr Gewicht zu, man versammelte das Pferd auf beiden Hinterbeinen. Diesen Vorgang nannte man «ganze Paraden».

Die vorstehenden Darstellungen sind dem Buch «Gymnasium des Pferdes» entnommen. In ihm finden wir auch den beachtenswerten Satz: *«Die diesbezüglichen heutigen Auffassungen über den Unterschied zwischen halben und ganzen Paraden, die dahin gehen, daß die ganze Parade das Pferd zum Stehen bringt, wohingegen die halbe Parade es nur veranlaßt, den Gang zu verkürzen oder sich enger zusammenzuschieben, also zu versammeln, müssen daher nachgeprüft und richtiggestellt werden.»*

(Steinbrecht, G., Gymnasium des Pferdes)

Die Gebrauchsreiterei bei den Soldaten brachte es mit sich, daß man einfache Faustregeln für den Reit- und Exerzierdienst aufstellen mußte. Man ritt ja in der Mannschafts-Truppenausbildung weder versammelte Gänge noch Traversalen oder fliegende Wechsel. So entstand wohl die etwas stupide Gleichmacherei der halben Paraden.

In der neueren Reitliteratur liest man zuweilen die Begriffe ganze, halbe, viertel und achtel Parade, oder von «vielen kleinen Paraden». Hier hat bereits ein erfreuliches Umdenken begonnen. Wichtig ist vor allem, Reitern und Pferden bei der Ausbildung begreiflich zu machen, daß die halbe Parade viel mehr bezweckt, als das Pferd nur zur nächstniedrigen Gangart zu bringen.

Die Parade ist somit eine *Lektion*, die – je nach dem gewünschten Erfolg – sehr unterschiedliche Hilfen erfordert. Sie gehört, neben dem Kreuz-Anziehen, zu den diffizilsten Dingen in der Reiterei.

Die Hilfen zur Parade:

Durch mehr oder weniger starkes Kreuz-Anziehen (je nach Ausbildungsstand des Pferdes) wird der gemeinsame Schwerpunkt von Pferd und Reiter mehr nach hinten verlagert, so daß die Hinterbeine mehr Gewicht aufnehmen müssen. Dies kann aber nur geschehen, wenn beide Schenkel die Hinterbeine mehr nach vorn unter den Schwerpunkt holen. Wir treiben das so versammelte Pferd vermehrt gegen die aushaltende Hand, die den Vorwärtsimpuls des Pferdes regelt und Einfluß darauf nimmt, ob sich das Pferd (nur) versammelt, zu einer niedrigeren Gangart kommt oder zum Halten.

Wenn die Ober- und Unterarme des Reiters deutlich am Körper liegenbleiben, dann regelt die Hebelwirkung der angezogenen Wirbelsäule die Einwirkung der Hände ganz automatisch.

Diese Hilfengebung stellt die *Basis* der Parade dar. Selbstverständlich kommen – je nach dem gewünschten Ziel – noch viele unterschiedliche Feinheiten hinzu, denn es versteht sich von selbst, daß eine halbe Parade zum versammelten Trab andere Hilfen erfordert als die zum versammelten Galopp.

Grundsatz:
Die Hilfen von Kreuz und Schenkel müssen bei allen Paraden deutlich vorherrschen, während die Zügelhilfen im Hintergrund stehen!

Es gibt Ausbilder, die lehren: Eine Parade wird nicht gegeben, sondern *geritten*! Eine keinesfalls abwegige Formulierung.
Zusammengefaßt ergeben sich aus diesem Kapitel zwei Merksätze:

1. Nur ein Reiter, der in der Lage ist, den Hinterbeinen seines Pferdes mehr Gewicht zuzuschieben (es zu versammeln), kann eine korrekte Parade geben.
2. Ein junges oder bisher ungeschultes Pferd im ersten Jahr der Ausbildung ist noch nicht in der Lage, die Hilfen für eine Parade anzunehmen. Die Gymnastizierung der Hinterbeine und die Durchlässigkeit sind unbedingte Voraussetzungen hierzu. Bis dahin bleibt dem Reiter nur ein vorsichtiges Einfangen mit Stimme und Hand.

Die Kandarenzäumung

Zu Beginn dieses Abschnitts müssen zwei grundsätzliche Dinge erläutert werden, über die sehr oft Unklarheiten bestehen:
Es ist nicht so, daß L-Lektionen beziehungsweise L-Prüfungen immer auf Kandare geritten werden. Die Arbeit in der Klasse L erfordert zunächst eine Fortsetzung der bisherigen Zäumung auf Trense. Somit werden auch die ersten L-Prüfungen auf Trense geritten.
Das zweite Thema betrifft eine oft gehörte Meinung über die Kandarenzäumung. Diese lautet, die Kandare sei ein Marterwerkzeug und geeignet, dem Pferd Schaden zuzufügen.
Die Antwort darauf heißt: Man kann mit jeder unpassenden oder schlecht verschnallten Zäumung ein Pferd schädigen – auch mit einer gebißlosen Hackamore, wenn sie falsch sitzt.
Die Kandarenzäumung ist, im Vergleich zur Trense, die *feinere* und *gefühlvollere* Art, mit dem Pferdemaul umzugehen. Deshalb erfordert diese Zäumung, wie bereits erwähnt, eine schon etwas fortgeschrittenere Reitkunst und eine gefühlvolle und ruhige Hand.
Die nun bevorstehenden Lektionen werden zunächst auf Trense geritten, und somit auch der Be-

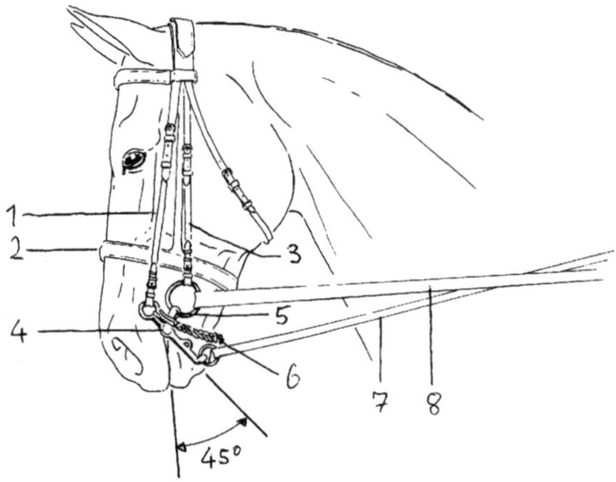

Unterlegtrense

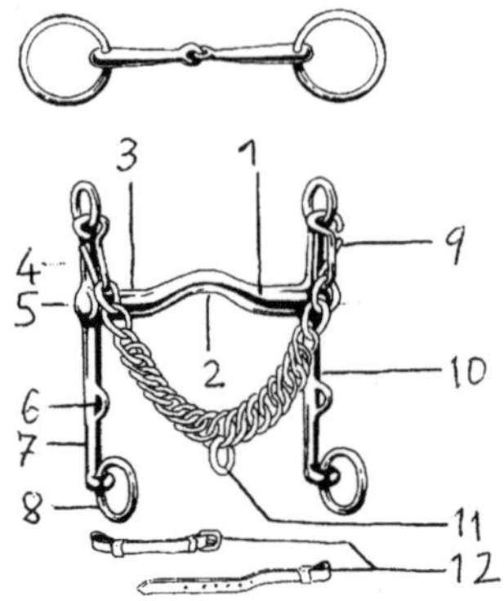

Die Kandare

1: Backenstück der Kandare
2: Englisches Reithalfter
3: Backenstück der Unterlegtrense
4: Kandarengebiß
5: Unterlegtrense
6: Kinnkette
7: Kandarenzügel
8: Trensenzügel

Das Kandarengebiß

1: Mundstück
2: Zungenfreiheit
3: Ballen
4: Obergestell
5: Kappe
6: Scherriemenlöcher
7: Anzug
8: Zügelring
9: Kinnkettenhaken
10: Kinnkette
11: Scherriemenring
12: Scherriemen

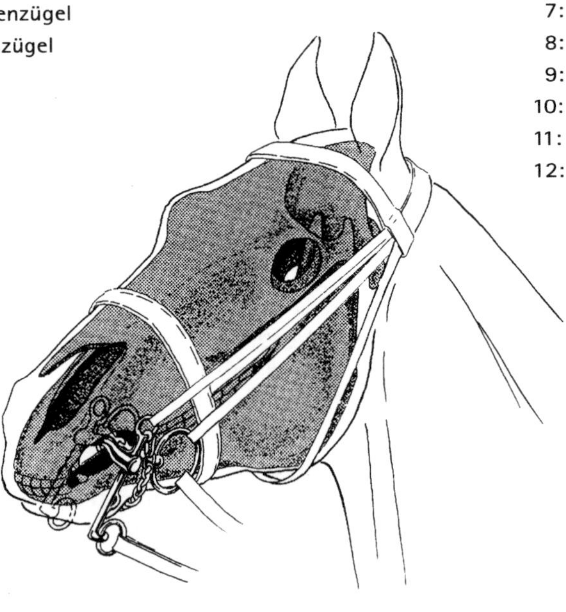

Lage von Kandare und Unterlegtrense

ginn der versammelnden Arbeit. Die Kandare dient dann später lediglich der Verfeinerung. In der Vollendung ist das Reiten auf Kandare kein Kraftakt, sondern ein zartes Spiel zwischen Fingerspitzen und Pferdemaul... So sollte es wenigstens sein!
Über die praktische Arbeit mit der Kandare wird in folgenden Kapiteln noch gesprochen werden.
Die Kandarenzäumung besteht aus zwei Gebissen: Unterlegtrense und Kandare; der Reiter führt also zwei Zügelpaare, wovon die Kandarenzügel die schmaleren sind. Als Unterlegtrense kann eine einfach oder doppelt gebrochene Ring- oder Olivenkopftrense verwendet werden; sie ist allerdings dünner als eine normale Trense. Das Kandarengebiß besteht aus einer ungebrochenen, festen Stange mit zwei Hebeln, die man als *Anzüge* oder *Bäume* bezeichnet, wobei der Abschnitt oberhalb der Stange *Oberbaum* heißt und der unterhalb der Stange *Unterbaum*. Früher verwendete man die Ausdrücke «Obergestell» und «Untergestell» für die Seitenteile. Eine ebenfalls früher oft gehörte Redewendung hieß «Reiten auf Stange».
Es ist einleuchtend, daß die Kraft der Hebelwirkung mit der Länge der Anzüge wächst. Anders ausgedrückt: Der Reiter muß sich darüber im klaren sein, daß sich die Einwirkung der Kandarenzügel mit mehrfacher Kraft auf das Pferdemaul überträgt. Deshalb ist eine ruhige und vom Sitz völlig unabhängige Hand erste Voraussetzung für die Benutzung einer Kandare, für die «Kandarenreife» des Reiters. Damit die Hebelkraft zur Wirkung kommt, benötigt diese eine Gegenkraft in Form der *Kinnkette*. Diese wird in die Kinnkettenhaken so eingehängt, daß sie flach in der Kinnkettengrube des Pferdes liegt und sich nicht verdrehen kann. Eingehängt wird die Kette immer rechts von oben innen, dann wird sie nach rechts bis zum leichten Widerstand ausgedreht und links von oben außen eingehängt. Bei nicht angezogenen Kandarenzügeln soll die Kette so locker liegen, daß man zwei Finger zwischen Kette und Kinnkettengrube legen kann. Die Anzüge stehen dabei gleichlaufend mit der Maulspalte. Beim Annehmen der Kandarenzügel und dem ersten spürbaren Widerstand sollen die Anzüge mit der Maulspalte einen Winkel von 45 Grad bilden.
Übrigbleibende Glieder der Kette werden gleichmäßig auf beide Seiten verteilt, bei ungerader Zahl kommt die Mehrzahl auf die linke Seite. Die Glieder sollen außerhalb des Hakens herabhängen. Ist die Kinnkette zu straff eingehängt, was auf keinen Fall vorkommen sollte, sagt man, daß die Kandare «strotzt». Ist sie zu lang eingeschnallt, so sagt man, die Kandare «hängt durch». Der kleine Ring in der Mitte der

Kinnkette wird bei Bedarf für den «Scherriemen» gebraucht. Er soll verhindern, daß das Pferd mit dem Maul nach den Unterbäumen greift. Auch die Höhenlage der Kette kann man damit regulieren. Der Scherriemen läuft durch die im Unterbaum befindlichen Löcher.
Die Stange der Kandare hat meist eine Aufwölbung, die sogenannte *Zungenfreiheit*. Ohne Zungenfreiheit liegt die Stange auf der Zunge und ermöglicht die feinfühligste und weichste Anlehnung. Die Aufwölbung in der Stange engt die Zunge ein, und die Stange liegt mehr auf beiden Kinnladen. Es ist wichtig zu wissen, daß das Wort «Zungenfreiheit» nicht grundsätzlich «Milde» bedeutet, denn auf den Laden wirkt die Stange meist viel härter als auf der Zunge. Man muß es ausprobieren, mit welcher Stange sich das Pferd am wohlsten fühlt – dieser Grundsatz gilt ja für alle Gebisse.
Weitere Kandarenarten, also Gebisse mit Hebelwirkung und Kinnkette, finden wir im gebrochenen Pelham, der Polokandare und der Springkandare. Pelham und Polokandare eignen sich manchmal als Ausbildungshilfen bei der Grundausbildung.
Alle Arten von Kandarenzäumungen gehören aber nur in eine gefühlvolle Hand! Die Kandare soll eine angenehm wirkende Hilfe für das Pferd sein und niemals eine «Bändigung»!

Mentales Training

Nachdem die Medizin in den letzten Jahren mehr und mehr die Einheit von Körper, Geist und Seele entdeckt beziehungsweise wiederentdeckt hat, beginnt man zunehmend, diese Erkenntnisse auch auf den Sport zu übertragen. Das ist ebenfalls keine Neuheit, wenn wir 30 Jahre zurückdenken. Ich meine hier besonders den sensationellen Sieg des «Ratzeburger Gold-Achters» im Jahre 1965 unter seinem begnadeten Trainer Karl Adam. Über diese hervorragende Leistung und ihre sportpsychologischen und -philosophischen Hintergründe wurde damals viel in der Presse berichtet. In einem Interview sagte Adam damals etwa folgendes: Besser sein zu wollen als die anderen, ist die selbstverständliche Voraussetzung. Der äußerste körperliche Einsatz bei höchstem technischem und taktischem Können setzt aber die oberste Grenze. *Mehr geht nur über die Psyche*, nur sie entscheidet!
Eigentlich ist es erstaunlich, daß man erst heute, nach 30 Jahren, die Psyche im Reitsport «offiziell» entdeckt. Seminare und Bücher zu diesem Thema gelten als neueste Erkenntnisse. Dabei gab es

schon immer einige – wenn auch sehr wenige – Ausbilder, die diese psychischen Lehren in ihren Unterricht einbezogen.
Das mentale Training, zu deutsch «geistiges» Training, hat mit dem Reitenlernen zunächst nicht viel zu tun. Es wendet sich an den «inneren» Menschen. Es gilt dem Training der Gedanken und Gefühle in Richtung einer positiven Erwartungshaltung. Gearbeitet wird dabei mit Formeln (Lehrsätzen) und bildhaften Vorstellungen, die das gesteckte Ziel formulieren.
Das mentale Training kann aber, und das muß klar gesagt werden, niemals reiterliches Können ersetzen, sondern gibt, beispielsweise bei Wettkämpfen, eventuell den letzten Ausschlag zwischen zwei gleichwertigen Kontrahenten.
Ich sehe aber in diesem Training dann eine Gefahr, wenn es unter schlechter Anleitung betrieben wird. Vor allem dann, wenn sich der Mensch zu Leistungen programmiert, die sein Pferd nicht erbringen kann. Oder zu Lektionen, die er reiterlich-handwerklich nicht beherrscht. Was nützt zum Beispiel die bildhafte Vorstellung eines fliegenden Galoppwechsels, wenn dem Reiter die Basis, das exakte Können fehlt? Bescheidenheit und Selbstkritik sind hier wohl die tragenden Elemente und Voraussetzungen.
Zuviel zu wollen, eiserne und verbissene Arbeit mit dem Pferd führt in den meisten Fällen zu Verkrampfungen, und damit entfernen wir uns von der Basis unserer Arbeit mit dem Pferd.
Die Vorstufe des richtig aufgebauten mentalen Trainings heißt *Entspannung*. Nicht nur für das Pferd, sondern in diesem Fall für den Reiter.
Ein guter Ausbilder lehrt nicht nur das Pferd, sondern auch seinen Schüler, sich loszulassen. Dazu gehören das Ausschütteln von Gelenken und Muskeln, das gelöste Ausatmen (auch das entspannte Pferd schnaubt sich ab) und das Entspannen der Gesichtsmuskeln.
Mindestens ebenso wichtig wie die Anweisungen: «Hacken tief!» und «Kopf hoch!» sind immer wieder die Hinweise: positiv denken, fröhlich sein, sich loslassen, sich ins Pferd hineinfühlen, nicht zuviel wollen und die Grenzen des Pferdes beachten, vor allem bei neuen Übungen mit kleinen Fortschritten zufrieden sein.
Oft wird zuviel geschimpft und geprügelt und zuwenig gelobt. Beenden Sie die tägliche Arbeit mit einer gelungenen Lektion. Die größte Belohnung nach einer gelungenen Lektion heißt: loben, absitzen, Gurt lockern und in den Stall beziehungsweise auf die Weide. Auch das Pferd braucht positive Erinnerungen und Bewußtseinsinhalte. Beide, Reiter und Pferd, müssen sich auf die Arbeit des nächsten Tages freuen.

Ich habe mich jahrelang mit *autogenem Training* und dessen weiterem Umfeld befaßt (Psychologie, Religionslehre und so weiter). Dies hat mir beim Reiten, beim Unterrichten und vor allem bei der Ausbildung von Pferden sehr geholfen.
Wir alle, Reiter und Ausbilder, haben bei unserem Umgang mit Pferden Schlüsselerlebnisse, die, wenn man sie als solche erkennt, richtungsweisend sein können. Einige davon halte ich in diesem Zusammenhang für so lehrreich, daß ich davon berichten will.

1. Es kommt immer wieder einmal vor, daß ein Reitschüler nach einem vierwöchigen Urlaub vor der ersten Reitstunde die Bitte äußert, heute keine großen Leistungen zu verlangen. In solch einer Stunde ergibt sich oft etwas ganz Positives: Der Reiter sitzt, das Pferd geht so gut und locker wie selten – es ist eine Stunde, die alle drei, Reiter, Pferd und Ausbilder, mit großer Zufriedenheit beenden. Der Grund: Jeglicher Erfolgszwang war ausgeschaltet.

2. Ein Vater und die zwölfjährige Tochter haben auf dem familieneigenen Pferd an unterschiedlichen Tagen Einzelunterricht. Beide reiten leidlich eine A-Dressur, wobei der Vater große Mühe hat, das Pferd an den Zügel zu stellen, während dies der Tochter mühelos gelingt. Der Vater, ein Erfolgstyp, kann diese Tatsache nicht begreifen und sagt eines Tages: «Das verstehe ich nicht, dabei habe ich doch viel mehr Kraft als meine Tochter.» Doch dieser Satz war zugleich die Erklärung: Das Pferd akzeptierte die spielerische Kinderhand im Maul und wehrte sich gegen den Kraftakt des Vaters.

3. In einem Stall, in dem ich Unterricht gab, schaute mehrmals eine Reiterin zu und fragte dann, ob ich auch sie unterrichten würde. Ich sagte zu. Vor der ersten Stunde bat sie mich, erst einmal selbst das Pferd zu reiten, damit ich mir ein Bild über Rittigkeit und Ausbildungsstand machen könne. Ich stieg auf und begann wie üblich mit lösender Arbeit in Schritt und Trab. Im Galopp empfand ich eine geringe Verspannung im Rücken, doch im leichten Sitz und mit schöner Dehnungshaltung galoppierte das Pferd bald zufrieden und losgelassen. – Ich merkte wohl, daß sich beim Ausprobieren des Pferdes eine Menge Leute eingefunden hatte, maß dem aber keine Bedeutung zu. Nach ein paar ganz gelungenen A-Lektionen stieg ich ab. Nun kam mit Erregung und Verwunderung die Besitzerin zu mir und sagte: «Als Sie im Ga-

lopp die Zügel lang ließen, glaubte ich, Sie seien ein Selbstmörder!» – Dann erzählte sie mir ihre Geschichte: Sie hatte das Pferd knapp vier Wochen zuvor gekauft und war beim ersten Angaloppieren gleich heruntergefallen. Auch am folgenden Tag warf sie der Wallach wieder ab. Drei weitere Reiter, die das Pferd galoppieren wollten, lagen spätestens nach zehn Galoppsprüngen auf dem Boden. «Jetzt verstehen Sie sicher die Menschenansammlung, die Ihnen zuschauen wollte. Aber nun sagen Sie mir, warum er das bei Ihnen nicht tat?» Meine Antwort war einfach und logisch: «Weil ich davon nichts wußte.» Ich hatte mich völlig unbekümmert auf das Pferd gesetzt, brachte es zur Losgelassenheit, und als ich im Galopp die geringe Verspannung merkte, ließ ich die Zügel länger und ritt vorwärts. Die anderen Reiter machten den Fehler, bereits mit Angst und Verspannung aufzusteigen – ihre Erwartungshaltung war negativ programmiert; sie erwarteten den Sturz geradezu, und das Pferd hat auch entsprechend reagiert.

4. Das letzte Beispiel liegt auf der gleichen Ebene. Im Einzelunterricht warf das Pferd ab und zu seinen Reiter herunter. Auch dies lag an einer zu ängstlichen und verkrampften Zügelführung im Galopp. Dadurch baute sich im Pferd immer mehr Verspannung auf, die dann geradezu zu einer Explosion führte. Nachdem der Reiter heruntergefallen war, bestieg ich das Pferd, trabte eine Runde und galoppierte dann an. Ich ließ die Zügel im Galopp aus der Hand kauen, legte diese auf den Pferdehals, stützte beide Hände in die Hüften und ließ das Pferd ein paar Runden galoppieren. Das Ergebnis war ein völlig zufriedenes und losgelassenes Pferd.

Fazit:

- Angst ist beim Reiten ein schlechter Wegbegleiter.
- Das vorn zu fest gehaltene Pferd baut Verspannungen auf, die man nur durch Vorwärtsreiten loswerden kann. Tut man das nicht, so muß man sich nicht wundern, wenn das Pferd andere, für den Reiter unschöne Wege sucht.

Und um mit einem «mentalen» Faktor abzuschließen: Geben Sie sich positive Bewußtseinsinhalte und seien Sie heiter und losgelassen!

Die Praxis

Gut reiten heißt: gut sitzen

Erwarten Sie bitte von Ihrem Ausbilder nicht den Satz: «Morgen beginnen wir mit L-Lektionen, kommen Sie also mit Kandare und scharfen Sporen!»
Wie das Musikreiten nicht zur Quadrille wird, indem man sich einen Zylinder aufsetzt, so wird man nicht zum L-Reiter, indem man dem Pferd eine Kandare ins Maul hängt und Sporen anschnallt. Eigentlich geht alles so weiter wie bisher, es gibt keinen gravierenden Einschnitt.
«Aber irgend etwas muß sich doch ändern», werden Sie sagen, «woran erkennt man dann einen L-Reiter?» Die spontane Antwort ist ebenso einfach wie erstaunlich: am Sitz und am Einfühlungsvermögen!
Somit ist das Hauptaugenmerk auf eine Schulung und Verbesserung des Sitzes zu legen. Sämtliche Grundlektionen der Klasse L werden zunächst auf Trense geritten, bis Reiter und Pferd eine gewisse Kandarenreife erreicht haben. Die gefühlvolle Hand des Reiters ist hierbei von besonderer Wichtigkeit.
Da es sich – wie wir gesehen haben – beim Übergang von A nach L zunächst primär um eine Sitzschulung handelt, sollen hierzu ein paar unumstößliche Regeln angeführt werden:

- Sie dürfen nicht das Gefühl haben, *auf* dem Pferd zu sitzen, sondern müssen tief *im* Pferd sitzen. Entwickeln Sie dabei den Gedanken, das Pferd *vor* sich zu haben, also nicht *an* den Hilfen, sondern *vor* den Hilfen – also vor den Schenkeln, vor der Wirbelsäule und vor der Hand.
- Sitzen Sie vollkommen still. Die geringste Veränderung Ihres Schwerpunktes (ob vertikal oder horizontal) sollte für das Pferd eine Hilfe bedeuten! Der Lehrsatz heißt: Das Pferd tritt immer unter den Schwerpunkt des Reiters.

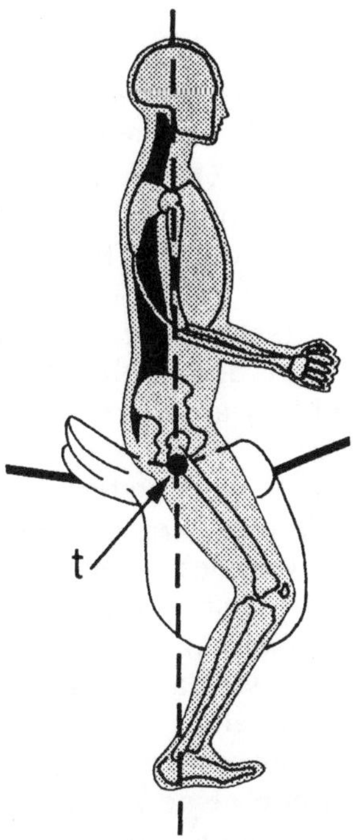

Die mit «t» gekennzeichnete Stelle markiert den tiefsten Punkt im Sattel. Skizze aus: Storl, so lernt man reiten

Nicht Kraft ist gefragt, sondern Gefühl – und das unterscheidet den Reit-Handwerker vom zukünftigen Künstler.
Beim Reiter entsteht durch dieses «Sich-Hineinfühlen» in das Pferd ein gravierendes reiterliches Partner-Erlebnis, das in keiner anderen Sportart möglich ist. So spielen in den folgenden Ausbildungsphasen wohl Einwirkung und Hilfengebung weiterhin eine beachtliche Rolle, aber der fortschreitende Reiter kommt eines Tages zu der Erkenntnis, daß die Hilfengebung vorherrschend aus seinem Sitz kommen muß. Bisher hat er sein Pferd eventuell mit Mühe mit den «handwerklichen» Hilfen zum Angaloppieren gebracht: leichte Innenstellung, Gewichtsverlagerung nach innen, äußeren Schenkel zurück. Jetzt strafft er sich nur etwas im Sitz nach aufwärts-rückwärts-einwärts, drückt den inneren Gesäßknochen etwas nach vorn – und das Pferd galoppiert an.
Noch ein weiterer Sitzfaktor ist unbedingt wichtig, die Losgelassenheit in den Gelenken: Schultergelenke, Arm-, Hand-, Finger-, Hüft-, Knie- und Fußgelenke. Zu den schwersten Dingen beim Reiten gehört dieses Sich-Loslassen bei gleichzeitiger angespannter Konzentration. Diese körperliche Losgelassenheit setzt aber unter anderem eine Heiterkeit in der Seele voraus. Dem Reitlehrer fällt die Aufgabe zu, diese Heiterkeit zu fördern und zu erhalten – wobei wir wieder bei den «mentalen» Dingen angekommen sind.

Ein unumstrittener Lehrsatz heißt:
Das Geheimnis des Erfolges ist ein zufriedenes und losgelassenes Pferd!
Dieser Satz gilt im gleichen Maße auch für den Menschen.

Biegen und Geraderichten

Zu Beginn unserer Arbeit müssen wir uns noch einmal die vor uns liegende Ausbildungsskala ins Gedächtnis zurückrufen: Geraderichten, Entwicklung des Schwunges, beginnende Versammlung.

Mancher Leser wird vielleicht fragen, wieso Biegen und Geraderichten im gleichen Abschnitt behandelt werden, obwohl sie doch extreme Gegensätze darstellen. Die Antwort findet sich in den folgenden Betrachtungen.

Zunächst aber die reiterlichen Definitionen dieser Begriffe:

Ein Pferd ist dann *geradegerichtet*, wenn Vorder- und Hinterbeine in derselben Spur gehen.

Ein Pferd ist dann richtig *gebogen*, wenn die gesamte Wirbelsäule – vom Genick bis zum Schweifansatz – *gleichmäßig* dem zu reitenden Kreisbogen angepaßt ist. Das heißt, daß der Hals nicht stärker gebogen sein darf als die übrige Wirbelsäule. Auch dabei sollen Vorder- und Hinterbeine in derselben Spur gehen. Hippologisch nennen wir das dann: Das Pferd geht gebogen-geradegerichtet.

Nun gibt es kaum junge Pferde, die diese Anforderungen von sich aus erfüllen, die meisten gehen schief. Sie haben, ähnlich dem Menschen, eine gute und eine weniger gute Seite. Diese Tatsache ist, wie die Links- oder Rechtshändigkeit beim Menschen, im Gehirn begründet. Eine These sagt auch, das Pferd – vor allem das junge Pferd – neige deshalb zur Schiefe, weil es als Ungeborenes gebogen im Mutterleib liegt. Ob diese Theorie nun stimmt oder nicht – wir nennen diese Tatsache, die sich vor allem unter dem Reiter sichtbar und fühlbar auswirkt, *natürliche Schiefe*.

Bald nach dem ersten Anreiten eines Pferdes werden wir feststellen, welches seine «Schokoladenseite» ist – meistens wird es die linke sein. Auf dieser Seite beginnen wir dann auch unsere weitere Arbeit.

Neben der natürlichen Schiefe gibt es noch eine zweite Art der Schiefe. Bekanntlich ist ein Pferd an den Schultern schmaler als an den Hüften. Geht das Pferd an der Bande entlang, so nimmt es instinktiv mit der äußeren Hüfte den gleichen Abstand von der Bande wie mit der äußeren Schulter. Daraus folgert, daß das Pferd hinten nach innen schief geht und das innere Hinterbein neben die Spur des inneren Vorderbeines setzt. Das Pferd ist somit nicht geradegerichtet.

Die geraderichtende Arbeit

Sie ist aus mehreren Gründen wichtig.

1. Um eine dauernde einseitige Mehrbelastung des Pferdes zu vermeiden, die zu vorzeitigen

Verschleißerscheinungen führt.

2. Einem schief gehenden Pferd fehlt nicht nur die beidseitige gleichmäßige Anlehnung an den Zügel, sondern auch die Durchlässigkeit. Es ist somit nicht im Gehorsam.

3. Wie bereits bei der Erläuterung der Ausbildungsskala erwähnt, kann bei der bevorstehenden Arbeit die Schubkraft aus den Hinterbeinen nur bei einem exakt geradegerichteten Pferd über den Schwerpunkt und dann weiter über Wirbelsäule und Genick bis ins Pferdemaul gehen. Das gleiche gilt für den umgekehrten Weg bei einer Parade – vom Pferdemaul bis in beide Hinterbeine.

Zurück zum Geraderichten. Man führt mit beiden Zügeln die Vorhand behutsam so weit nach innen, daß die innere Schulter vor der inneren Hüfte steht. Damit holt man den inneren Vorderfuß vor die Spur des inneren Hinterfußes. Der innere Schenkel muß verhindern, daß die Hinterhand erneut nach innen ausweicht, der äußere Schenkel verhindert, daß das Pferd gegen die Bande drängt. Beide Schenkel rahmen die Hinterbeine somit ein und geben gute Vorwärtsimpulse. Wichtig ist auch ein gerader Sitz mit dem Gedanken, das Pferd vor der Wirbelsäule zu haben. Das Ziel ist erreicht, wenn die Vorderhufe genau vor der Spur der Hinterhufe gehen. Dies muß der Ausbilder immer wieder kontrollieren.

Die beschriebene Art des Geraderichtens erfordert einiges an reiterlichem Können und Gefühl und ist die Arbeit von Wochen, Monaten, manchmal Jahren.

Sollten Sie sich – liebe Leserin, lieber Leser – bei den vorstehenden Ausführungen gelangweilt haben, weil Sie dies alles bereits wußten, dann bitte ich um Verzeihung. Und wenn Sie dies auch in der Praxis beherrschen, dann möchte ich Ihnen zu einer sehr guten Grundausbildung gratulieren. Leider ist dies aber in wenigen Fällen so, und deshalb habe ich das wichtige Kapitel des Geraderichtens hier noch einmal eingehend behandelt.

Das Biegen

Die Arbeit des Geraderichtens ist, hauptsächlich bei der Korrektur

Der wichtigste Lehrsatz zum Geraderichten heißt:
Ein Pferd wird immer geradegerichtet, indem man die Vorderbeine auf die Spur der Hinterbeine ausrichtet – nie umgekehrt!

der natürlichen Schiefe, genaugenommen eine Biegearbeit. Dazu ist ein auf beiden Händen gut durchgearbeitetes und biegsames Pferd unbedingte Voraussetzung.
Nun gehört die Biegearbeit, wie auch das Geraderichten, bereits zu den Lektionen der Grundausbildung. So heißt der erste Satz der *Anforderungen für das Reiten in Dressurprüfungen:* «Ein Pferd, das an Dressurprüfungen teilnimmt, soll auf beiden Seiten gleichmäßig ausgebildet, im Gleichgewicht sowie geradegerichtet sein und sich in vollkommenem Gehorsam befinden.»
Wie sieht aber die Wirklichkeit sehr oft aus? Da gehört zum Beispiel der korrekt gerittene Zirkel zu den Seltenheiten. Die Kreisbögen sind nicht rund, meistens drängen die Pferde in eine Ecke und gehen über die äußere Schulter, das gleiche geschieht oft auf der offenen Seite des Zirkels – von einer gleichmäßigen Längsbiegung gar nicht zu sprechen. Entweder handelt es sich um Reiter mit mangelhafter Grundausbildung oder um Pferde, denen die Basis jeglicher Biegearbeit fehlt. Schlimm wird es dann, wenn bei solchen Leistungen bei der Prüfung zum Reiterabzeichen in Bronze das Abzeichen verliehen wird. Aber noch schlimmer ist die Tatsache, daß solche Reiter dann meinen, sie seien nun reif für die Lektionen einer L-Dressur.
Im folgenden sollen die wichtigsten Punkte für die Biegearbeit zusammengefaßt werden.

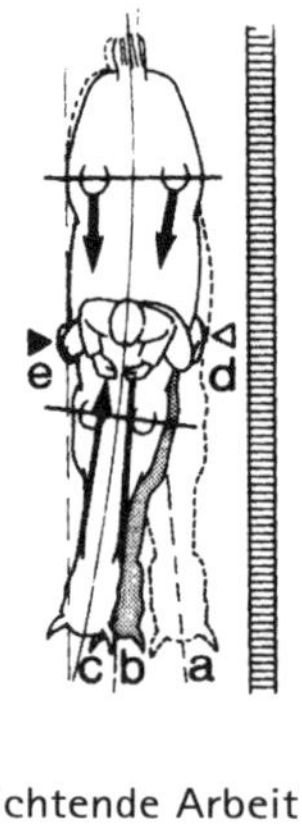

Die geraderichtende Arbeit

a natürliche Schiefe
b geradegerichtet
c Innenstellung
d äußerer Schenkel
e innerer Schenkel
Aus: Knopfhart, Dressur von A - S

Schenkelweichen

Auch wenn das Pferd dabei nur in den Ganaschen gestellt ist, gehört das Schenkelweichen zu den ersten Biegearbeiten. Der gravierendste Fehler ist dabei das Biegen beziehungsweise Herumziehen des Halses. Verhindert wird dieser Fehler durch einen deutlich hingestellten und am Hals anliegenden äußeren Zügel. Die Wirbelsäule soll, auch im Hals, gerade sein, nur in den Ganaschen erhält das Pferd eine leichte Innenstellung. Ältere Reiter haben den Satz gelernt: Bei geradem Sitz darf der Reiter ledig-

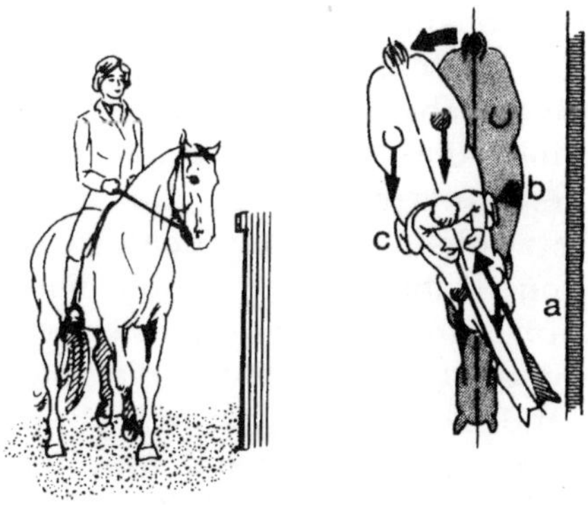

Schenkelweichen links

a Kopfstellung
b innerer Schenkel
c äußerer Schenkel
Aus: Knopfhart, Dressur von A - S

lich das innere Auge und den inneren Nüsternrand *schimmern* sehen! Mir ist unverständlich, warum dieser Kardinalfehler beim Schenkelweichen in der Grundausbildung nicht konsequent abgestellt wird. Gerade diese Übung ist geeignet, dem Reiter den äußeren hingestellten und durchhaltenden Zügel in seiner Wirkung begreiflich zu machen.
Beim Viereck verkleinern und vergrößern gilt die gleiche Regel: gerade Wirbelsäule mit leichter Ganaschenstellung. Wenn hierbei bereits eine *geringe* Längsbiegung der Wirbelsäule sichtbar wird, so ist das kein großer Fehler. Nie darf aber der Hals herumgezogen werden.

Zirkelarbeit

Ein Zirkel ist ein Kreisbogen, er hat weder Ecken noch gerade Linien. Diese Binsenweisheit scheinen manche Reiter nicht begriffen zu haben. In der Bahn von 20 x 40 Metern liegt der Zirkel in einem Quadrat von 20 x 20 Metern und berührt nur die drei Zirkelpunkte an der Bande und den Punkt X. An der Bande geht die Zirkellinie auch nicht einen Meter geradeaus, denn ein Kreisbogen hat, wie soeben erwähnt, keine geraden Linien. Bestimmen Sie mit Ihren Augen vorausschauend genau die Linie, die das Pferd gehen soll. Wenn Sie dabei immer wieder Schwierigkeiten haben, dann sollten Sie diesen genauen Kreisbogen erst einmal ohne Pferd zu Fuß abgehen – und zwar nicht nur einmal herum. Ich weiß, dieser Satz klingt lächerlich, aber das Ergebnis ist oft sehr hilfreich. Das Geheimnis guter Quadrillen liegt oft in einer solchen Schulung zu Fuß!
Auf dem Zirkel muß das Pferd eine äußere aufgewölbte und eine innere hohle Seite haben; dabei ist die Lage des inneren Schenkels am Gurt unbedingt wichtig. Ein Drängen nach innen oder außen korrigiert man am besten durch ein leichtes Hineintreten in den Bügel der Gegenseite, um den Schwerpunkt zu verändern. Bei den alten Meistern war dieser «Bügeltritt» eine sehr bekannte Hilfe. Bei Pferden, die stark nach außen drängen, sollte man – ne-

ben dem Bügeltritt innen – den äußeren Zügel und Schenkel bewußter einsetzen mit dem Gedanken, diese Hilfen wie eine künstliche, begrenzende Bande wirken zu lassen, an der das Pferd entlangzugehen hat.

Die Zirkelarbeit auf einem einwandfreien Kreisbogen bei angepaßter Biegung der gesamten Wirbelsäule gehört zur Basis aller Biegearbeit. Es soll noch einmal daran erinnert werden, daß dabei Vorder- und Hinterhufe in der gleichen Spur gehen müssen. Um Überforderung und Langeweile zu vermeiden, muß dabei immer wieder die Hand gewechselt werden, zunächst aus dem Zirkel, später durch den Zirkel. Vor dem Umstellen wird das Pferd mit einer leichten Kreuzparade etwas aufgenommen (Paß jetzt auf, Pferd!). Dann stellt man es um und reitet wieder vorwärts. Beim Umstellen kommt immer zuerst der Schenkel, dann folgen Gewicht und Hand. Reiten Sie nicht kämpferisch, sondern elegant mit möglichst unsichtbaren Hilfen.

Wenn das Pferd nach einigen Tagen sicher auf der Linie des großen Zirkels bleibt, dann folgt als nächste Lektion das Verkleinern und Vergrößern des Zirkels. Man kann dies spiralförmig erreichen oder auch mit Übertreten. Durch Bügeltritt innen und ein etwas deutlicheres Zurücknehmen des äußeren Schenkels wird das Pferd diese Lektion bald ausführen. Bei zehn Metern Zirkeldurchmesser fängt der innere Schenkel ab, und es beginnt die Biegearbeit auf dem verkleinerten Zirkel. Da auch jetzt die Wirbelsäule dem Kreisbogen angepaßt sein soll, wird nun eine vermehrte Biegung verlangt. (Achtung auf die Spurendeckung der Beine!) Bald geht es wieder nach draußen auf den großen Zirkel (Bügeltritt außen und innerer Schenkel!) und dann zur Belohnung ganze Bahn. Mit leichter Dehnungshaltung gibt man dem Pferd eine kleine Erholungspause, bevor man die Arbeit fortsetzt. Wichtig ist, daß Sie Ihrem Pferd bald den Unterschied zwischen Arbeit/Konzentration und Pause/Entspannung begreiflich machen. Dabei soll das Pferd nicht ganz «auseinanderfallen», es genügt eine geringe Dehnungs- und Entspannungshaltung im Schritt.

Die vorstehend beschriebene Basis-Zirkelarbeit beginnt man zunächst im Schritt, später dann folgt der Trab. Mit der Galopparbeit auf dem verengten Zirkel sollte man so lange warten, bis der versammelte Galopp später einigermaßen gefestigt ist.

Ein vorzügliches «Nebenprodukt» der gesamten Zirkelarbeit ist die Kräftigung und Gymnastizierung des jeweils inneren Hinterfußes, und zwar nicht durch Überforderung, sondern durch vorsichtige Aufbauarbeit!

Merksatz:
Im richtigen Moment aufzuhören ist eine Kunst, die nur wenige beherrschen.

Die Volte

Für die Volte gelten die gleichen Anforderungen wie für den Zirkel: exakter Kreisbogen, Biegung, Spurendeckung der Vorder- und Hinterbeine. Begonnen wird mit der Zehn-Meter-Volte, die später auf acht Meter verengt wird. Mit der Galopparbeit warten wir zunächst ebenfalls auf die genügende Kräftigung der Hinterbeine. Man sollte darauf achten, die Volte am selben Punkt zu beenden, an dem man sie begonnen hat – zum Beispiel, wenn das Knie des Reiters den Bahnpunkt B erreicht hat. Da die Pferde beim Abwenden gern über die Schulter aus der Volte herausdrängen, muß der äußere Zügel deutlich begrenzen. Ferner gehören die Mehrbelastung des inneren Gesäßknochens und ein leichtes Zurücknehmen der inneren Schulter zu den wichtigen Hilfen für die Volte.

Ganz entschieden muß vor einem Herumziehen mit dem inneren Zügel gewarnt werden. Beim Beenden muß man das Pferd deutlich am inneren Schenkel haben, da manche Pferde dazu neigen, nach innen zu drängen.

Als weitere Übung ist es sinnvoll, von der Mittellinie aus Volten nach rechts und links im Wechsel auszuführen, und zwar mit ruhiger Umstellung nach einer Pferdelänge geradeaus. Später kann dann auch die *Acht im Zirkel* als Übung im versammelten Trab gefordert werden. Wenn Biegung und Spur in der Volte gefestigt sind, kann man mit folgenden Übungen beginnen:

Volte im Schwenken: Hierbei werden die Hinterbeine mit dem inneren Schenkel aus der Volte nach draußen gedrückt, das Pferd geht also bewußt nicht mehr mit Spurdeckung.

Hinterhand in die Volte gestellt: Hier veranlaßt der äußere Schenkel die Hinterbeine, den Kreisbogen nach innen zu verlassen, während die Vorderbeine auf der Linie der Volte bleiben sollen. Diese Übung ist nicht leicht und gilt als Vorbereitung für die Traversstellung.

Beide Übungen lehren Reiter und Pferd, daß die Schenkel des Reiters die Hinterbeine des Pferdes beherrschen und führen.

Schlangenlinien

Für die Schlangenlinien gelten die gleichen Anforderungen und Hilfen wie für die Volte. Bei den Schlangenlinien durch die ganze Bahn werden in der Klasse L bis zu fünf Bogen verlangt. Wichtig ist dabei eine gute Einteilung über das gesamte Viereck, wobei die parallelen Geraden gleichmäßige Zwischenräume haben müssen. Den Fußwechsel beim Leichttraben beziehungsweise beim einfachen Galoppwechsel führt man beim Durchreiten der Mittellinie aus. Besonderer Wert wird auf eine sichere und geschmeidige Umstellung gelegt. Auch bei den Schlangenlinien muß die Vorhand immer auf die Hinterhand ausgerichtet sein.

Bei den Schlangenlinien an der langen Seite muß man darauf achten, daß diese genau am Wechselpunkt beginnen und am Wechselpunkt enden. Manche Reiter beginnen gleich nach der Ecke, also zu früh, und kommen dann meist auch zu früh wieder an der Bande an. Die einfache Schlangenlinie sollte fünf Meter, die doppelte nur zweieinhalb Meter nach innen geritten werden. Bei der doppelten Schlangenlinie kann man durch geschmeidige Umstellungen und elegante Sitzhilfen viel tänzerische Bewegung des Pferdes zeigen: Man nimmt die innere Schulter etwas tiefer und zurück, während man den inneren Gesäßknochen leicht nach vorn drückt. In Gedanken sollte man das Pferd immer etwas *vor* dem inneren Gesäßknochen haben. Vielleicht hilft auch die Vorstellung, mit dem Pferd zu tanzen: Walzer rechts herum – Walzer links herum. Oftmals sind solche Gedanken und Vorstellungen sehr hilfreich (siehe auch «Mentales Training», Seite 24). Machen Sie sich groß und entwickeln Sie Eleganz.

Beim Reiten von wechselseitigen Kreisbögen, besonders beim Wechsel aus dem Zirkel, wollen viele Richter ein deutlich sichtbares Nachfassen der Zügel sehen. Kommen Sie diesem Wunsch nach. Daß beim Übergang vom Kreisbogen zur ganzen Bahn das Pferd wieder geradegestellt wird, versteht sich von selbst. Aber auch dies sollte man unmißverständlich zeigen.

Weitere Übungen zur Verbesserung der Biegung

Neben der bisher besprochenen Biegearbeit gibt es weitere, wenn auch manchmal vernachlässigte, Lektionen zur Verbesserung von Biegung und Rittigkeit: das *Reiten in Stellung, Konterstellung* sowie *das Schultervor*, die Vorstufe zum Schulterherein.

Das Reiten mit «Stellung» wurde bereits beim Schenkelweichen (siehe Seite 32) besprochen: Das Pferd zeigt eine geringe Ganaschenbiegung, die Wirbelsäule bleibt gerade. Beim *Reiten in Stellung* geht das Pferd gerade mit einer geringen Innenstellung von Kopf und Halsansatz an der Bande entlang. Die Vorderhufe bleiben vor der Spur der Hinterhufe. Wird der Kopf leicht nach außen zur Bande hin gestellt, so spricht man vom *Reiten in Konter- oder Außenstellung.*

Die Konterstellung gilt als erste Vorübung für den Außen- oder Kontergalopp und wird – wenn das Pferd gelernt hat, in Außenstellung durch die etwas abgerundeten Ecken zu gehen – später auch auf dem Zirkel geritten. Auch bei der Konterstellung auf dem Zirkel muß das Pferd mit Spurdeckung gehen. Gefühl und reiterliches Können werden hierbei bereits in einem etwas fortgeschrittenen Maße gefordert. Man sollte unbedingt im Schritt beginnen und später zum abgekürzten Trab übergehen. Auch hierbei darf man die «Belohnung» mit ganzer Bahn und die Dehnungshaltung zur Entspannung nicht vergessen.

Das Ganze-Bahn-Reiten mit wechselseitiger Stellung ist eine vorzügliche Übung, um Pferde in den Ganaschen weich zu machen. Hierbei sollte man sich auf eine ganz geringe Stellung beschränken. Auf keinen Fall darf der Hals herumgezogen werden, er muß an der Schulter gerade und festgestellt bleiben! Ein Zeichen des richtig gestellten Pferdes ist das Überspringen des Mähnenkammes.

Schultervor und Schulterherein

Diese schulmäßigen Übungen dienen der Vervollkommnung des Geraderichtens und sind außerdem ausgezeichnete Hilfsmittel für die versammelnde Arbeit. Vor allem für die spätere fortgeschrittene Versammlung und Dressurhaltung gilt das Schulterherein als die unverzichtbare Basislektion.

Den Begriff *Schultervor* findet man vor allem in älteren Lehrbüchern, deshalb wird diese Übung heute auch selten geritten. Sie dient hauptsächlich als Vorstufe des Schulterhereins.

Zur Entwicklung von Schultervor und Schulterherein muß das Pferd zunächst geradegerichtet sein. Vorder- und Hinterbeine fußen – wie wir nunmehr wissen – in derselben Spurlinie. Gibt man dem Pferd nun eine ganz geringe Innenbiegung (nicht nur eine Stellung in den Ganaschen), so werden Schultern und Vorderbeine etwas mehr nach innen geholt. Der richtige Grad der Biegung ist erreicht, wenn – von vorn gesehen – das innere Hinterbein zwischen beiden Vorderbeinen fußt. Der Reiter muß versuchen, das innere Hinterbein gut nach vorn zum Schwerpunkt zu bringen. Dies ist die Stellung, die man als Schultervor bezeichnet.

Um das *Schulterherein* zu erreichen, muß die Längsbiegung weiter verstärkt und damit die Schulter noch mehr nach innen geführt werden. Die Hinterbeine müssen dabei auf dem Hufschlag unbedingt weiterhin geradeaus gehen, das Pferd darf also keines-

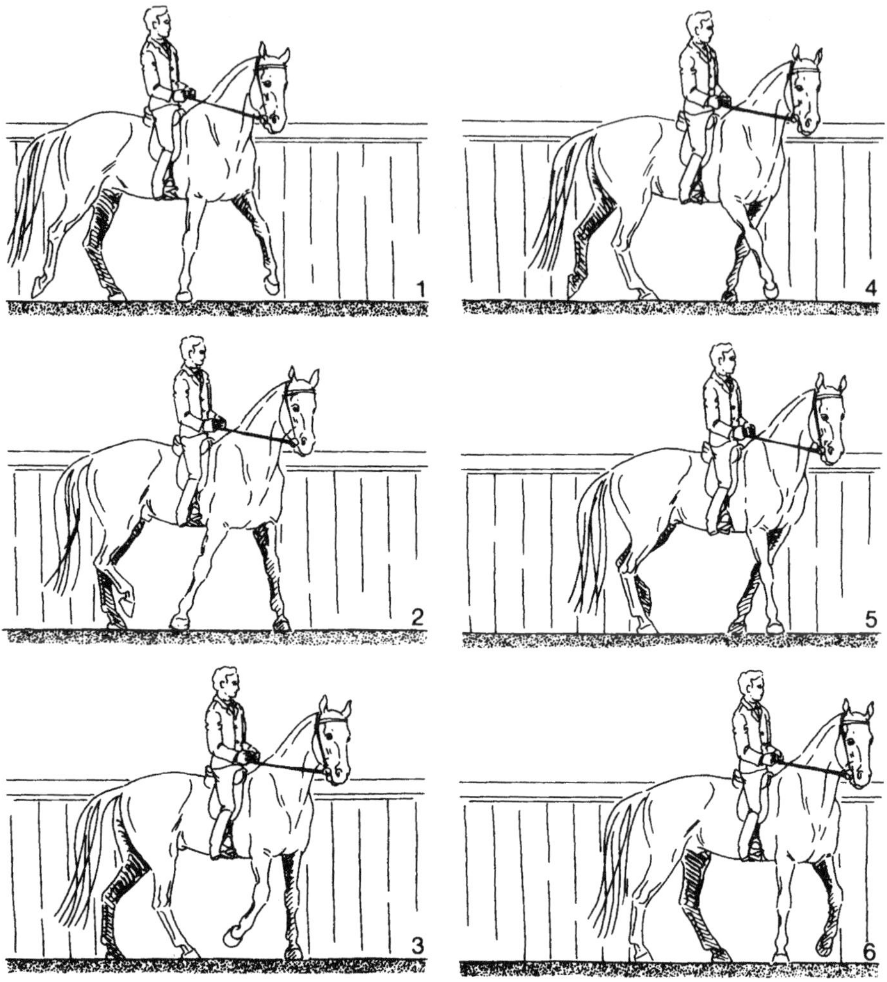

Schulterherein rechts im Schritt an der Bande
Aus: Knopfhart, Dressur von A - S

falls wie beim Schenkelweichen schräg gestellt weden. Die korrekte Längsbiegung zum Schulterherein ist dann erreicht, wenn der innere Hinterfuß der Spur des äußeren Vorderfußes folgt. Der innere Schenkel des Reiters, um den das Pferd gebogen ist, liegt am Gurt und sorgt für einen kraftvollen Vortritt des inneren Hinterbeines unter den Schwerpunkt des Pferdes. Der äußere Zügel reguliert den versammelten Gang und begrenzt gleichzeitig die Halsbiegung. Das Pferd darf keinesfalls hinter die Senkrechte kommen, sondern soll sich bei dieser Lektion am äußeren Zügel aufrichten. Der zurückliegende äußere Schenkel führt das äußere Hinterbein und verhindert ein Drängen gegen die Bande.

Schulterherein ist erst ab Klasse M Prüfungslektion, leistet dem Reiter aber bereits zu Beginn der versammelnden Arbeit der Klasse L wertvolle Hilfe (siehe hierzu auch Seite 73).

Die Versammlung

Alle versammelten Lektionen müssen drei Ziele haben:
- die Schmalspur der Hinterbeine
- das Hankenbiegen
- den Schwung

Allgemeine Grundsätze

Der reiterliche Begriff *Versammeln* müßte korrekterweise heißen: «Versammeln auf den Hinterbeinen». Beim Versammeln veranlaßt der Reiter das Pferd durch gymnastische Übungen, mit den Hinterbeinen mehr Gewicht aufzunehmen. Dies geschieht mit Hilfe verschiedener Lektionen, besonders aber durch einen verbesserten Sitz des Reiters. Der gemeinsame Schwerpunkt Reiter/Pferd muß mehr nach hinten verlagert werden, das Pferd trägt somit mit den Hinterbeinen mehr Gewicht und richtet sich vorn mehr auf. Wir nennen dies die *relative Aufrichtung*. Die Tritte werden erhabener, aber auch kürzer. Sie dürfen jedoch keinesfalls schleppend und schwunglos werden – hier liegt die größte Gefahr der falsch verstandenen versammelnden Arbeit.
Vorbedingung für das Gelingen der versammelnden Arbeit sind die Grundsätze, die bereits in den vorhergehenden Kapiteln besprochen wurden: Das Pferd muß losgelassen an den Hilfen stehen, vollkommen geradegerichtet sein und einen bestimmten Grad von Durchlässigkeit erreicht haben.
Bei der vor uns liegenden Arbeit sollten wir uns dessen bewußt sein, daß die Versammlung eine lange Phase der Aufbauarbeit bei Reiter und Pferd ist, die in der Klasse L beginnt und sich mehr

Als wichtigster Merksatz für die kommende Arbeit gilt:
Bei Überforderung und Verspannung müssen die Anforderungen sofort reduziert werden, und es muß erst wieder vollkommene Losgelassenheit erreicht werden.

und mehr steigert und verbessert bis zur Dressurklasse S. Aber selbst wenn dieses Niveau erreicht ist, gibt es für besonders veranlagte Pferde noch eine weitere Steigerung in den Lektionen der *Hohen Schule*, in der das Gewicht oft allein von der Hinterhand getragen wird.
Für den Einstieg in die Versammlung – bei dem wir uns in der Klasse L befinden – ist das Hauptaugenmerk auf eine Gymnastizierung und damit Stärkung der Hinterhandmuskeln und sowie -gelenke zu richten.

Die Entwicklung der Tragkraft
Die Entwicklung der Tragkraft setzt neben der geforderten Geraderichtung und der Durchlässigkeit noch einen weiteren wichtigen Faktor voraus: die Schubkraft. Sie ist es, die zur Tragkraft «umfunktioniert» wird, wenn der Schwung erhalten werden soll.
Die Entwicklung und Förderung der Tragkraft erfolgt auf zwei Wegen:

1. Durch Gymnastizierung von jeweils nur *einem* Hinterbein – meist dem inneren – mit Lektionen wie Schulterherein, Konterschulterherein, verengter Zirkelarbeit im Trab und Galopp sowie mit Volten.

2. Durch die Gymnastizierung *beider* Hinterbeine zugleich, mit Tempowechseln im Trab auf geraden Linien, wobei zunächst durch Zulegen die Schubkraft verstärkt und dann durch halbe Paraden in Tragkraft auf beiden Hinterbeinen umgewandelt wird. Das Zauberwort heißt hier *Parade*, der wir bereits ein ausführliches Kapitel gewidmet haben (siehe Seite 18). Bei aller versammelten Arbeit ist größter Wert darauf zu legen, daß die Reinheit der Gänge erhalten bleibt.

Zu den allgemeinen Grundsätzen der Versammlung gehört die Erläuterung von einigen Begriffen, die als Wörter wohl oft bekannt sind, aber in ihrer Definition meist mangelhaft dargestellt werden: Schmalspur, Hanken, Aufrichtung, Schwung und Kadenz.

Die Schmalspur
Je breitbeiniger die Hinterbeine eines Pferdes treten, desto weniger ist es versammelt. Beim Menschen beobachten wir die gleiche

Erscheinung. Der breitspurige Gang wirkt plump, ja oft tölpelhaft, die Schmalspur dagegen graziös. Bitte schauen Sie sich einmal ein Ballett an. Die Tänzer schreiten mit aufrechtem Oberkörper elegant und leichtfüßig auf einer schmalen Spur. In der Beurteilung von Pferden kennen wir sogar den Begriff der «Ballerina»: ein Pferd mit angeborener Schmalspur und tänzerischer Leichtfüßigkeit.
Wie bereits dargestellt wurde, wird ein geradeaus gehendes Pferd ohne reiterliche Hilfe an der Bande immer so gehen, daß das äußere Beinpaar in derselben Spur geht, während das innere Hinterbein etwas weiter innen *neben* der Spur des inneren Vorderbeines auffußt. Bei der versammelnden Arbeit müssen wir den inneren Hinterfuß immer in die Spur des inneren Vorderfußes bringen. Beide Schenkel veranlassen die Hinterbeine, nahe aneinander vorbei, also auf einer schmalen Spur, unter den Schwerpunkt zu treten. Nur aus dieser *Schmalspur* heraus kann die Kraft der Hinterbeine richtig eingesetzt werden. Das Pferd wird mit beiden Schenkeln «eingerahmt» – nicht mit brutaler Kraft, sondern mit Gefühl und «lebender» Wade.

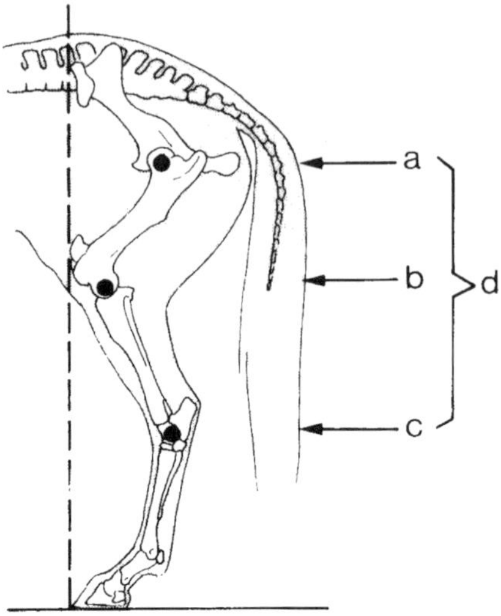

Die Hanken

a Hüftgelenk
b Kniegelenk
c Sprunggelenk
d Hanken

Aus: Storl, Die Ausbildung des jungen Pferdes

Die Hanken
Die Hinterhand des Pferdes besteht aus vier wichtigen Gelenken: Hüftgelenk, Kniegelenk, Sprunggelenk und Fesselgelenk. Die oberen drei, die durch ihre Winkelung die eigentliche und gesamte Kraft der Hinterhand entwickeln, bezeichnen wir als *Hanken*. Je weiter der Reiter in

Merksatz:
Nur aus der Schmalspur kommt die Versammlung!

der versammelten Arbeit fortschreitet, desto mehr wird er sich mit der Federkraft der Hanken befassen müssen – so zum Beispiel bei der Arbeit an der Hand und später bei der Lektion «in halben Tritten versammeln», die als vorbereitende Arbeit für Piaffe und Passage gilt. Aber soweit sind wir jetzt noch nicht.

Die Aufrichtung

Die Aufrichtung eines Pferdes steht im unmittelbaren Zusammenhang mit der Hankenbeugung. Je mehr die Hanken gebeugt sind, desto niedriger wird das Pferd hinten. Die Vorderbeine werden entlastet, die Schulter wird freier, und es entsteht ein *Bergauf-Pferd*, das Hals und Kopf «von selbst» etwas höher trägt. Diese Haltung nennen wir die *relative Aufrichtung*. Bei einem nicht versammelt gehenden Pferd ist die relative Aufrichtung somit gering.

Unter *absoluter Aufrichtung* verstehen wir ein verstärktes künstliches Aufrichten von Hals und Kopf mit der Hand, das über die relative Aufrichtung des Pferdes hinausgeht. Die absolute Aufrichtung ist deshalb gefährlich und fragwürdig, weil das Pferd dann nicht mehr in reiner Selbsthaltung geht und eventuell den Rücken wegzieht.

Die absolute Aufrichtung liegt auf der Schiene des Schlaufzügels. Das heißt, daß der wirkliche Fachmann mit viel Gefühl auch hier kleine Verbesserungen erreichen kann. In der Phase unserer hier beschriebenen Aufbauarbeit der Klasse L sollten wir die künstliche Aufrichtung des Pferdes auf alle Fälle unterlassen.

Der Schwung

Der Umgang mit den Begriffen Geraderichten, Schub, Schmalspur, Hanken, Aufrichtung und Schwung bringt – ich gebe es ehrlich zu – zunächst einige Verwirrung mit sich. Doch ich möchte jedem Reiter, der sich weiterbilden möchte, dringend empfehlen, sich mit diesen Wortgebilden auseinanderzusetzen. Nicht um in einschlägigen Kreisen «mitreden» zu können, sondern um ein theoretisches Fundament zu besitzen, auf dem man aufbauen kann.

Aber nun zum Schwung. Der Schub aus der Hinterhand wird als die Vorstufe des Schwungs bezeichnet. Deshalb legen wir bei der Ausbildung junger Pferde großen Wert auf die Entwicklung des Schubes, der in diesem Stadium allerdings meist aus dem breitspurigen Treten der Hinterbeine kommt. Wird dieser natürliche Schub durch die Einwirkung des Reiters mit Hankenbiegen und Schmalspur «veredelt», dann entsteht das, was wir *Schwung* nennen. Und aus dem Schwung heraus entwickelt sich die Aufrichtung. Zum Schwung gehört weiterhin der elastisch schwingende Pferderücken.

Die unumstößliche Voraussetzung für diesen Aufbau von Schub über den Schwung zur Aufrichtung ist aber eine entsprechend gymnastizierte und gefestigte Hinterhand. Jede Überforderung oder gar Gewaltanwendung führt unweigerlich zu Schäden beim Pferd.
Für alle versammelnde Arbeit gilt, daß das Pferd immer von hinten nach vorn versammelt wird, wohl eventuell gegen die etwas höher gestellte, aber nie nach rückwärts wirkende Hand. Zuerst kommt somit immer der Schenkel, der die Hinterbeine heranholt, dann der Sitz (Schwerpunkt), der den Hinterbeinen mehr Gewicht zuschiebt, und zum Schluß erst die begrenzende Hand, die das Tempo reguliert und/oder das Pferd eventuell stellt oder biegt.
Die Versammlung entsteht also, wenn der von den Hinterbeinen auf der Schmalspur erzeugte Schwung von der stillstehenden Hand so umgeformt wird, daß Hankenbiegung und Aufrichtung erzielt werden.
Und noch ein wichtiger Nachsatz: Der gesamte Vorgang des Versammelns läßt sich – bei aller Notwendigkeit des theoretischen Wissens – nicht in physikalisch-mathematische Formeln fassen. Erfahrung und Gefühl sind alles!

Kadenz

Dieser Begriff, den wir vor allem aus dem Bereich der Musik kennen, ist in seiner Bedeutung für die Reiterei gar nicht so leicht zu erklären. In der Musik ist eine Kadenz die virtuose Auszierung am Schluß eines Satzteils durch den Solisten.
Beim Reiten spricht man hauptsächlich im versammelten Trab von Kadenz, besonders aber in der Piaffe und Passage. Wenn die Hinterbeine gut nach vorn durchschwingen, kann bei entsprechend veranlagten Pferden die *Schwebephase* etwas verlängert beziehungsweise verzögert werden. Das Ziel ist ein stolzer Ausdruck der Erhabenheit – die sogenannte Kadenz. Es versteht sich von selbst, daß meisterhaftes reiterliches Können die Voraussetzung hierfür ist.
Bezüglich Kadenz möchte ich noch einmal Waldemar Seunig zitieren: *«Die Kadenz, der getragene Takt der Tritte, kann bei einem gut gerittenen Pferd, in der Piaffe ebenso wie auch in der Passage, vom Reiter geregelt werden. Durch ein unmerkliches Öffnen und Schließen der Finger hat er es im wahrsten Sinne des Wortes in der Hand, das Treten langsamer oder schneller zu gestalten.»*

Merksatz:
Lieber die Haltung aufgeben als den Schwung nach vorwärts!

Merksatz:
Sobald die Hinterbeine nicht mehr federnd nach vorn schwingen, sondern nachschleppen, beginnen die fehlerhaften Schwebetritte.

Wenn die Hinterbeine nicht weich federnd abfußen und nicht nach vorn durchschwingen, liegt ein großer Fehler in der Kadenz vor. Dann hält sich das Pferd im Rücken fest, und es entstehen die nicht gern gesehenen «schwebenden Tritte». Wie so oft in der Reiterei, liegen auch bei der Kadenz das Positive und das Negative dicht beieinander.
Zum Schluß der allgemeinen Grundsätze müssen noch ein paar Worte an diejenigen Reiter gerichtet werden, die meinen, versammelnde Arbeit sei unnatürlich, ja sogar pferdeschädigend. Diese Irrmeinung vertreten manche Nur-Spazier- und Freizeitreiter. Es ist aber eine nicht zu leugnende Tatsache, daß Pferde, die ausschließlich auf der Vorhand geritten werden, viel früher auf den Vorderbeinen verschleißen als korrekt gerittene Dressurpferde. Solche Abnutzungserscheinungen finden wir besonders im Schulbetrieb und vor allem in den sogenannten Verleihställen, in denen sich jedermann Pferde zum Ausreiten leihen kann.
Die Begründung für derartigen vorzeitigen Verschleiß liegt im Körperbau des Pferdes. Es trägt den größeren Teil seines Gewichtes (etwa drei Fünftel) mit den Vorderbeinen. Durch den dicht hinter der Schulter des Pferdes sitzenden Reiter wird dieses Verhältnis noch ungünstiger beeinflußt, so daß der Verschleiß der Vorderbeine eigentlich vorprogrammiert ist.
Deshalb sollte jedes Pferd, auch das Freizeitpferd, durch gymnastizierende Lektionen in der Hinterhand gekräftigt werden – und das ist es ja, was wir versammelnde Arbeit nennen. Besonders im Gelände gibt es immer wieder Situationen, bei denen man im Trab oder Galopp in tiefen Boden gerät. Um einen Sturz zu vermeiden, hilft dann nur ein sofortiges Straffen im Sitz und ein «Setzen» des Pferdes auf die Hinterhand.

Merksatz:
Auch das Freizeitpferd braucht zur Gesunderhaltung ein gewisses Maß an Versammlung.

Die Lektionen

Paraden

Die wohl wichtigste versammelte Lektion ist die Parade. Leider ist dies bei manchen Reitern unbekannt. Über die Grundlagen der Parade habe ich deshalb im Kapitel «Das geistige Rüstzeug» (siehe Seite 18) bereits berichtet.
Paraden sind deshalb so wichtig, weil ihnen bei der gesamten versammelten Arbeit eine große Bedeutung zufällt. Ich möchte sogar sagen: Die Parade ist tragendes Element unserer gesamten Arbeit. Zur Ergänzung des genannten Kapitels sollen noch einige Grundregeln folgen:

- Die Parade wirkt nur bei einem am Zügel stehenden und durchlässigen Pferd.
- Sie wird immer mit leichten Hinweisen aus den Fingerspitzen im Rhythmus der Bewegung eingeleitet. Die nächste Steigerung erreicht man durch Öffnen und Schließen der Fäuste, und die höchste Intensität bringt ein kurzer, aber deutlicher Hinweis aus dem Handgelenk. Nie darf die Kraft aus dem Arm kommen, nie darf die Parade ohne Vorbereitung überfallartig als «Hau-Ruck-Parade» erfolgen, denn damit macht man das Pferdemaul unempfindlich und sogar die Hinterbeine kaputt.
- Grundsätzlich müssen vor jeder Handeinwirkung erst die Hinterbeine aktiviert werden.
- Mißversteht das Pferd die Hilfe, so wird sie in etwas verstärkter Form wiederholt.
- Bei jedem Erfolg muß die Hand sofort wieder leicht werden.
- Auch die ganze Parade zum Halten wird mit zarten Hinweisen eingeleitet.
- Sobald das Pferd steht, muß ihm mit der Hand eine geringe Dehnungshaltung angeboten werden, damit es nicht unter

zu großer Spannung bleibt und diese eventuell seitlich oder nach hinten loszuwerden versucht.

- Auch im Halten soll das Pferd an den Hilfen bleiben, somit auch am leicht nach vorn wirkenden Schenkel. Meist genügt ein behutsam anliegender Schenkel.
- Nach der Parade zum Halten hat der Reiter vollkommen still zu sitzen, denn für das gut ausgebildete Pferd sollte jede Veränderung – auch die geringste – eine Hilfe bedeuten.

Versammelter Trab

Die gymnastizierende Arbeit zum versammelten Trab über die Zwischenstufen Schmalspur, Hankenbiegen und Schwung wurde bereits besprochen. Nun wird es Zeit, an die praktische Arbeit zu gehen. Das Pferd wird hierzu auf Trense gezäumt. Achten Sie bitte auf lange Steigbügel, damit Sie gut *im* Pferd sitzen.

Nach der lösenden Phase üben wir zunächst Wechsel zwischen Schritt und Trab, wobei wir besonderen Wert auf den Antritt zum Trab legen. Das Pferd muß aufmerksam an den Hilfen stehen und auf Ihren Schenkel warten. Am besten arbeitet man nach der Formel: Einatmen, Spannen, *Antritt*, Ausatmen. Der erste Tritt muß ein kraftvoller Trabtritt sein, das Pferd darf also nicht träge und schlurfend beginnen. Ist das Pferd unaufmerksam, dann können Sie mit der Gertenspitze etwas nachhelfen. Bitte beachten Sie beim Gerteneinsatz die Ausführungen über den Gebrauch von Gerte und Sporen auf den Seiten 51 bis 54.

Neben dem schönen Antritt «durch das Genick» müssen wir auf drei weitere Dinge achten: ein aufmerksames Pferd, einen kraftvollen Schub aus der Hinterhand und einen taktreinen Trab. Wenn diese Forderungen erfüllt sind, parieren wir weich zum Schritt durch. Ist der Schritt in Ordnung, dann wird wieder angetrabt. Durch viele Wiederholungen machen wir dem Pferd in dieser ersten Phase begreiflich: Wade heißt Antritt – Wirbelsäule heißt Schritt. Daß wir versuchen, bei der Parade der Hinterhand Gewicht zuzuschieben, versteht sich von selbst. Natürlich vergessen wir nicht, regelmäßig die Hand zu wechseln. Nach dieser ersten Phase loben wir das Pferd und legen eine kleine Pause ein.

In der zweiten Phase reiten wir Wechsel zwischen Arbeitstrab und Mitteltrab mit nur wenigen Tritten der Verstärkung. «Wade» heißt nun Zulegen, und «Wirbelsäule» bedeutet Einfangen. Hier merken wir uns die Formel: Wade heißt *Schieben*, und Wirbelsäule heißt *Tragen*; gemeint ist die Tätigkeit der Hinterbeine. Hat das Pferd diesen Unterschied begriffen, dann stehen wir am Anfang unserer versammelnden Arbeit. Wieder folgen Pause, Dehnungshaltung und Loben.

Die dritte Phase besteht darin, daß wir wie in der zweiten Phase Wechsel zwischen Arbeitstrab und Tempoverstärkung reiten. Nun parieren wir aber ab und zu bis zum Schritt durch. Hierbei versuchen wir, zwischen dem Arbeitstrab und dem Schritt ein paar versammelte Tritte zu entwickeln – es genügen drei bis vier. Sobald das Pferd die ersten versammelten Tritte zu unserer Zufriedenheit gemacht hat, muß es sofort deutlich gelobt werden, und für diesen Tag wird die Arbeit beendet. Das Pferd muß begreifen, daß Lob und Beendigung der Arbeit im Zusammenhang mit der eben erbrachten Leistung stehen. Beim Parieren vom Mitteltrab über Arbeitstrab und versammelte Tritte zum Schritt lernt der Reiter eine neue Art der Parade kennen, die ganz weich beginnt und sich fast stufenlos aus dem Sitz heraus entwickelt und verstärkt. Bald wird er auch feststellen – nachdem sein Pferd ein paarmal in den Schritt gefallen ist –, daß mit dem Grad der Versammlung auch der Schenkel aktiver eingesetzt werden muß. Ich möchte sagen, daß hier bei dieser Arbeit ein neuer Lernprozeß des Reiters begonnen hat. Aus dem *Wort* «Versammlung» entsteht nun ein neues *Reitgefühl*: Es sind die ersten versammelten Tritte auf schwingendem Pferderücken. Aber dieser Zustand stellt sich nicht von selbst ein – man muß ihn sich *erarbeiten*. In der jetzt folgenden Arbeit versucht man, aus den wenigen Trabtritten ein paar mehr zu machen, bevor man zum Schritt durchpariert. Man sitzt so, als wolle man zum Schritt kommen, schiebt den Hinterbeinen mehr Gewicht zu und versucht mit der Wade, eventuell unter Zuhilfenahme des Sporns, noch ein paar Tritte mehr «herauszukitzeln».

In der vierten Phase parieren wir nach den versammelten Tritten *nicht* zum Schritt durch, sondern legen wieder zu zum Arbeitstrab, und wenn der in Ordnung ist, zum Mitteltrab. In dieser vierten und letzten Phase reiten wir dann Tempowechsel im Trab, achten aber genau auf die Unterschiede zwischen Mitteltrab, Arbeitstrab und Versammlung.

Zum Schluß sollen die wichtigsten Sätze über den versammelten Trab noch einmal zusammenfaßt werden:

- Der versammelte Trab wird durch Einfangen aus dem Mitteltrab gegen die etwas höher gestellte Hand bei kürzer gefaßten Zügeln entwickelt. Zügel, Handrücken und Unterarm müssen aber weiterhin eine gerade Linie bilden.

- Versammelte Gänge sind schwungvolle Gänge, das Pferd muß die Hinterbeine federnd vom Boden abheben.
- Nach versammelten Gängen müssen freie Gänge folgen.
- Vorsichtig aufbauen und in kurzen Reprisen langsam steigern.
- Keine Überforderung – und das Loben nicht vergessen!
- Zum richtigen Zeitpunkt aufhören! Auch die Konzentration des Pferdes ist begrenzt.
- Der Hals des Pferdes darf nicht zu kurz gemacht werden und die Stirn-Nasen-Linie nicht hinter die Senkrechte kommen. Bei den freien Gängen muß man dem Pferd etwas Dehnungshaltung gestatten. Im versammelten Trab sollte man die Selbsthaltung ab und zu durch Überstreichen prüfen.
- Wenn der Trab zu ausdruckslos wird, muß die Bewegung mit Galopparbeit aufgefrischt werden.

Hinweis zum Tempowechsel: Oft sieht man Reiter, die beim Mitteltrab mit zurückgenommenem Oberkörper und viel Krafteinsatz

Links die korrekte Haltung beim Versammeln, rechts beim Zulegen.

das Pferd vor sich herschieben. Diese Gewichtshilfe halte ich für unlogisch und falsch. Wenn die Belastung der Hinterhand vom Sitz her die Hinterbeine zum Tragen bringt und das Pferd versammelt, dann kann die gleiche Sitzhilfe nicht die Hilfe zum Schieben und zum Zulegen sein. Beim Übergang von der Versammlung zur Verstärkung geht man mit der Wirbelsäule wieder langsam nach vorn in den Normalsitz und bringt dabei mit der Wade die Hinterbeine zum Schieben. Der gemeinsame Schwerpunkt von Reiter und Pferd, der beim Versammeln nach hinten verlegt wurde, muß also bei der Verstärkung wieder etwas mehr nach vorn kommen (senkrechte Wirbelsäule). Bei solcher Arbeit wird ein gut gerittenes Pferd bald fast allein durch diese unterschiedlichen Gewichtshilfen mit der Hinterhand schieben oder tragen. Wade und Zügel werden zwar nicht überflüssig, aber doch zu sekundären Hilfen.

Abgekürzter Trab

Diese Bezeichnung findet man manchmal noch in älteren Fachbüchern, zuweilen wird der Begriff auch noch in der praktischen Ausbildung gebraucht. Meist wird damit die Vorstufe des versammelten Trabes bezeichnet – vor allem bei jungen Pferden, bei denen man das Trabtempo verkürzen möchte, ohne daß schon eine Versammlung möglich wäre, beispielsweise beim Angaloppieren aus dem Trab auf dem Zirkel. In der alten HDV (Heeres-Dienstvorschrift) 12, der sogenannten «Reitvorschrift», finden wir über den abgekürzten Trab folgende Definition:

Haben die Pferde in den drei Gangarten bei gerade gerichtetem Körper und einem am Widerrist festgestellten Halse die ihrem Gebäude entsprechende Selbsthaltung wiedergewonnen, so ist die Gymnastik der Hinterhand durch allmählich erhöhte Anforderungen in den versammelten Gangarten und durch die Seitengänge weiter zu fördern.

Das Hauptaugenmerk muß auch im weiteren Verlaufe der Dressur auf Förderung des Ganges und der Durchlässigkeit gerichtet bleiben.

Haben die Remonten wieder eine gute Haltung im Mitteltrabe erlangt, und führen sie die Paraden und das

Zurücktreten richtig aus, so kann der Arbeitstrab allmählich zum abgekürzten Tempo versammelt werden.

Bild 52.

Abgekürzter Trab.

Der letzte Satz läßt allerdings den Schluß zu, daß man im vollendeten «abgekürzten Trab» bereits höchste Versammlung gefordert hat. Dies meinen wir heute nicht mehr, wenn wir vom abgekürzten Trab sprechen.

Der Gebrauch von Gerte und Sporen

Die Kenntnisse über den Gebrauch von Gerte und Sporen gehören eigentlich zur Grundausbildung. Leider gibt es auch hier oft Wissensdefizite, so daß ich es für richtig halte, diese Kenntnisse noch einmal aufzufrischen beziehungsweise zu erweitern.

Die *Dressurgerte* sollte etwa 110 Zentimeter lang und elastisch, aber nicht zu weich sein. Angefaßt wird sie nicht am Griff oder

am oberen Ende, wie man es mitunter sieht, sondern – je nach Bauart – am *Schwerpunkt* oder wenig oberhalb des Schwerpunktes. Die notwendige Hebelwirkung kommt so mit dem geringsten Krafteinsatz zur Geltung. Bei der Arbeit gehört die Gerte immer in die Hand, in der sie gerade gebraucht wird.
In der senkrecht stehenden vollen Faust des Reiters wird die Gerte so getragen, daß sie auf seinem Oberschenkel liegt und die Spitze wenig schräg nach hinten zeigt. Das Ende der Gerte soll unmittelbar hinter der Wade liegen. Beim Gebrauch schlägt sich der Reiter durch eine schnelle Drehung des Handgelenkes auf seinen Oberschenkel. Die Elastizität der Gerte sorgt dafür, daß diese dann genau hinter seiner Wade ans Pferd wippt. Durch die Drehung des Handgelenkes entsteht kein Ruck im Pferdemaul. Leider sieht man sehr oft andere Arten des Gertengebrauchs, bei denen die Pferde im Maul belästigt werden, so zum Beispiel beim Touchieren an der Flanke. Dort wirkt die Gerte eher störend, und häufig sind Taktfehler die Folge. Meist genügt beim Gertengebrauch ein kurzes Erinnern oder beispielsweise bei der Tempoverstärkung auch ein Anlegen.
Zum Schluß noch ein paar grundlegendere Dinge, die Sie sicher bereits wissen, die aber der Ordnung halber aufgeführt werden sollen:

- Beim Führen eines Pferdes trägt man die Gerte in der linken Hand, beim Vorbereiten zum Aufsitzen klemmt man sie sich unter die Achselhöhe, und beim Aufsitzen gehört sie in die linke Hand.
- Beim Wechseln der Gerte nimmt man zunächst die Zügel in eine Hand und zieht dann mit der freien Hand die Gerte nach oben heraus.
- Man steckt die Gerte weder in den Stiefelschaft noch in die Kammer des Sattels, man legt sie auch niemals auf den Fußboden. Das Pferd könnte sich im Augenblick des Aufhebens erschrecken, zur Seite springen oder ausschlagen.

Vielen Reitern ist die unterschiedliche Wirkung zwischen Gerte und Sporen nicht ganz klar. Die Gerte, unmittelbar hinter dem

Merksatz:
Die Gerte unterstützt den jeweiligen Schenkel, aber sie ersetzt ihn nicht!

Schenkel eingesetzt, verstärkt dessen vorwärts- oder seitwärtstreibende Wirkung. Sie holt also das gleichseitige Hinterbein nach *vorn* oder *zur Seite*. Der *Sporn* hingegen holt das gleichseitige Hinterbein mehr nach aufwärts, also vom Boden weg. Er ist somit das Hilfsmittel für die versammelte Arbeit.

Es muß unmißverständlich darauf hingewiesen werden, daß nur solche Reiter Sporen tragen sollten, deren Sitz bei tiefem Absatz und ruhigem Schenkel makellos in Ordnung ist. Dies gilt ganz besonders für die Ausbildung junger Pferde. Sonst gilt für den Sporn das gleiche wie für die Gerte: Er wird erst dann eingesetzt, wenn das Pferd die Schenkelhilfe nicht beachtet hat. Aber auch dann wird er immer zugleich mit dem Schenkel eingesetzt. Der gute und gefühlvolle Reiter unterscheidet dabei das *Anlegen* oder Fühlenlassen des Sporns, den *Sporndruck* und den *Spornstich*.

Der größte Fehler beim Gebrauch des Sporns liegt darin, daß er bei hochgezogenem Absatz zum Treiben verwendet wird; auf diese Art zu reiten ist sehr primitiv.

An der Schwelle der L-Lektionen sollte man sein Pferd bald darauf abstimmen, daß es auf die treibende Einwirkung mit der Wade (das Pferd in Gedanken *vor* der Wade haben) raumgreifend vorwärts geht. Den Einsatz des Sporns quittiert es dagegen damit, daß es sich aufnimmt, sich versammelt und erhabener geht. Es mag paradox klingen, dem Sporn eine verhaltende Wirkung zuschreiben zu wollen, aber beispielsweise beim Wechsel von der Passage zum Mitteltrab ist dies der Fall, wenn die Passage mit wechselseitiger Spornhilfe geritten wird und der Übergang zum Trab mit der Wade.

Der Umgang mit dem Sporn erfordert sehr viel Feingefühl und eine lange Zeit der Schulung. In der Vollendung hängt an jedem Sporn ein Hinterfuß, und der Sporn macht diesen Hinterfuß lebhaft – das ist es. Wer das begriffen hat, der wird nie die Sporen auf beiden Seiten gleichzeitig einsetzen.

Wenn der Sporn zum Treiben doch einmal eingesetzt werden muß, dann nur als gedachte Verlängerung der Wade und durch *Anlegen*, aber keinesfalls als Spornstich. Doch auch dabei sollte der Sporn eine Ausnahme sein, denn zum Treiben haben wir Wade und Gerte.

Merksatz:
Der Schenkel treibt vorwärts – der Sporn versammelt.

Merksatz:
Je weniger Sporenhilfe ein Reiter benötigt, desto besser reitet er.

Das gesamte Ausbildungsprinzip muß den Weg verfolgen, den Einsatz von Gerte und Sporn immer weiter zu verfeinern.
Zum Schluß der Generalsatz und der Schlüssel zum Erfolg: Gerte und Sporn wirken, wie auch der Schenkel, auf den gleichseitigen Hinterfuß – aber nur im Moment des Abfußens!

Versammelter Galopp

Die vorbereitende Arbeit zum versammelten Galopp liegt im Tempowechsel zwischen Mittelgalopp und Arbeitsgalopp. Hierfür muß das Pferd einen soliden Ausbildungsstand erreicht haben. Das heißt, es muß im Mittelgalopp in guter Selbsthaltung gehen und beim Aufnehmen im taktmäßigen Dreischlag am inneren Schenkel gut durchspringen. Dabei darf es keinesfalls die Hinterbeine nach innen stellen.
Auch hier hat die Aufbauarbeit, wie beim versammelten Trab, sehr behutsam zu erfolgen. Jede Übereilung wirkt sich – bei noch nicht genügend gekräftigter Hinterhand – schädlich aus.
Der versammelte Galopp verlangt ein noch anspruchsvolleres Biegen der Hanken, als wir es im versammelten Trab gefordert haben. Dabei können wir nicht von jedem mittelmäßigen Pferd einen vollendeten versammelten Galopp erwarten. Nur Pferde mit gut gewinkelter Hinterhand und einigem Dressurtalent eignen sich für den versammelten Galopp.
Die Entwicklung des versammelten Galopps erfolgt am besten auf dem Zirkel durch häufiges Angaloppieren aus dem versammelten Trab, später aus dem Schritt. Man darf nur kurze Strecken galoppieren, denn das Pferd lernt den versammelten Galopp nicht durch das Galoppieren selbst, sondern duch häufiges *Angaloppieren* und Durchparieren. Nur die jeweils ersten Sprünge belehren und fördern das Pferd. Wenn es sich nicht mehr selbst trägt, muß sofort durchpariert werden. Man darf das Pferd nicht überfordern, bei aufkommender Nervosität und Unzufriedenheit muß man die Arbeit sofort abbrechen und in einen schwungvollen Trab ganze Bahn übergehen. Es empfiehlt sich zu Anfang, an einem Tag die eben

geschilderte Arbeit zunächst nur auf einer Hand zu üben. Geben Sie dem Pferd Zeit, diese neue Lektion auch geistig erst zu verarbeiten.
Im versammelten Galopp muß der Reiter tief einsitzen und vermehrt in den inneren Bügel hineintreten, als würde er den Bügelriemen zerreißen wollen. Dieser «Bügeltritt» setzt den Reiter deutlich auf das innere Hinterbein und dient anfänglich als gute Belehrung für Reiter und Pferd. Wird das Pferd zu eilig, dann reguliert man mit Kreuz und kurzen Zügelanzügen außen im Moment des *Auffußens* des inneren Vorderbeines.
Die Ausbildung des Pferdes im versammelten Galopp erfordert eine lange Zeitspanne und verlangt vom Reiter viel Können. Hat das Pferd das Angaloppieren aus dem versammelten Trab auf beiden Händen begriffen und geht es in schöner Selbsthaltung, dann üben wir die nächste Phase: das Angaloppieren aus dem Schritt. Hierbei soll gleich der erste Sprung ein schöner «Bergaufgalopp» sein.
Der versammelte Galopp aus dem Rückwärtsrichten heraus stellt die Vollendung dieser Arbeit dar. Diese Lektion gehört aber nicht mehr zu den Anforderungen der Klasse L: Hierbei muß das Pferd durch starke Beugung von Hüft-, Knie- und Sprunggelenken die Hinterbeine wie eine gespannte Sprungfeder unter den Schwerpunkt schieben. Neben einem gut veranlagten Pferd erfordert diese Lektion aber auch höchste Konzentration von Reiter und Pferd.
Ein großer Fehler ist es, den versammelten Galopp zu früh zu fordern. Schwunglose Sprünge, fester Rücken, Verwerfen im Genick und vor allem das Galoppieren auf zwei Hufschlägen sind die Folgen. Das Galoppieren auf zwei Hufschlägen, hauptsächlich auf der rechten Hand, stellt viele Reiter vor Probleme. Hier hilft eine geringe Schulterherein-Stellung (oft mehr gedacht als getan), um diesen Fehler abzustellen. In diesem Zusammenhang verweise ich auf das Kapitel über die geraderichtende Arbeit (siehe Seite 30).
Noch ein paar Sätze zum Galopprhythmus: Der Galopp ist, wie wir wissen, ein Dreischlag, der aber nicht mit einem Dreivierteltakt wie zum Beispiel beim Walzer verwechselt werden darf. Denn beim Dreivierteltakt ist der erste Schlag betont: 1, 2, 3 / 1, 2, 3 / 1, 2, 3 und so weiter.
So aber gehen unsere Pferde nicht. Ein auf Asphalt galoppierendes Pferd hört sich entweder so an: 1, 2, 3 / 1, 2, 3 / 1, 2, 3 – das heißt, der dritte Schlag ist betont, und man kann das Wort «Apparat» dazu sprechen. Oder der zweite Schlag ist betont: 1, 2, 3 / 1, 2, 3 / 1, 2, 3 – dann paßt das Wort «Bewegung». Ohne große wissenschaftliche Überlegungen anstellen zu wollen,

merken wir uns, daß das Pferd beim Wort «Apparat» vorlastig geht, während beim Wort «Bewegung» der betonte zweite Schlag durch das kräftige Auffußen des inneren tragenden Hinterbeines entsteht. Es handelt sich also dabei um den von uns gewünschten versammelten «Bergaufgalopp».

Zusammenfassung:

- Im Galopp muß das Pferd grundsätzlich mit leichter Innenstellung gehen.
- Bei der Trainingsarbeit muß man immer wieder durch Übergänge Trab – Galopp – Trab die Geschmeidigkeit und Losgelassenheit erhalten.
- Das Pferd muß gut am inneren Schenkel und am äußeren Zügel stehen, der innere Sporn muß bereit sein, helfend einzugreifen.
- Das Wort «Fleiß» spielt beim versammelten Galopp eine wesentliche Rolle: Wir fordern ein fleißiges und deutliches Unterspringen der Hinterbeine bei einem «runden» und gleichmäßigen Dreischlag, der zur Betonung des Wortes «Be*we*gung» paßt.
- Der makellos gerittene versammelte Galopp stellt eine außerordentlich gute reiterliche Leistung dar.

Außen- oder Kontergalopp

Die Übungen *Reiten in Stellung* und *Reiten in Konter- oder Außenstellung* gehören heute leider immer weniger zur Grundausbildung. Da wir diese Lektionen in der fortschreitenden Dressurausbildung aber brauchen, sollen die Begriffe zunächst einmal klar formuliert werden:
Ein Pferd zu *stellen* beziehungsweise ihm *Stellung zu geben* oder *Stellung zu fordern*, heißt immer, daß es im Genick gestellt wird: Es liegt also lediglich eine Ganaschenbiegung bei sonst gerader Wirbelsäule vor.
Reiten in Stellung oder *mit Stellung* bedeutet dagegen, dem Pferd eine leichte Innenstellung abzufordern, die durch die ganze Wirbelsäule bis zum Schweifansatz geht. Die Vorderbeine müssen dabei auf dem Hufschlag bleiben. Das Pferd geht also mit Gana-

schen- *und* Längsbiegung. Vielen Reitern der unteren Dressurklassen ist dieser präzise Unterschied nicht geläufig, aber – ich gebe es zu – wer will sich in seiner Freizeit schon mit derart komplizierten Dingen befassen, die da heißen: natürliche Schiefe, Geraderichten, Stellen, Schenkelweichen, Reiten in Stellung, Schultervor, Schulterherein – zuzüglich der entsprechenden Konterstellungen bis Travers und Renvers. Hier werden wir sogar bei manchem Ausbilder Bildungslücken finden.

Zurück zur Sache, zum *Kontergalopp*. Unter Konterlektionen verstehen wir Übungen, die mit beziehungsweise in Außenstellung geritten werden, bei denen die hohle Seite des Pferdes zur Bande zeigt. Hierbei ist vor allem der versammelte Trab, in Konterstellung geritten, eine vorzügliche Hilfe, um die Aufmerksamkeit, Durchlässigkeit und Rittigkeit zu verbessern. Auch Pferde, die mit der Vorhand in die Bahn drängen, kann man damit korrigieren. Ebenso stellt man mit Außenstellung das üble Drängen mancher Pferde gegen die Bande ab. Vor allen Dingen dient das Reiten in Außenstellung der Vorbereitung für den Außengalopp und für die Seitengänge.

Die Vorbereitung für den Außengalopp beginnt zunächst im Schritt. Man reitet mit geringer Außenstellung nur in den Ganaschen ganze Bahn, wobei auch die Ecken so geritten werden (allerdings zunächst etwas abgerundet). Anschließend geht man auf den großen Zirkel. Nach und nach versucht man – erst wieder ganze Bahn – zur Außenbiegung der gesamten Wirbelsäule zu kommen.

Ist die Außenbiegung im Schritt gefestigt, dann erfolgt die gleiche Arbeit im Trab. Dabei muß der Reiter das Pferd auf dem Zirkel mit dem Schenkel der hohlen Seite deutlich auf der Zirkellinie halten. Man hüte sich vor einem Herumziehen des Halses; auch bei der Außenbiegung darf der Hals nie mehr gebogen sein als die übrige Wirbelsäule.

Um die Außenstellung zu festigen, übt man im Trab zunächst nur auf einer Hand. Sehr belehrend ist es auch, mit Innenstellung auf dem Zirkel zu reiten, aus dem Zirkel zu wechseln, ohne die Stellung zu verändern, also mit Außenstellung weiterzureiten, um dann bald wieder zu wechseln, also zur Innenstellung zurückzukommen. Solche und andere, ähnliche Übungen gehören zur vorbereitenden Arbeit. Es muß erwähnt werden, daß sämtliche Konterlektionen, also auch die Trablektionen, nicht in zu freiem Tempo geritten werden dürfen – es sollte also ein versammelter Trab (wenn auch in ersten Anfängen) gefordert werden.

Aber nicht nur das Reiten in Stellung und Außenstellung ist ein Prüfstein dafür, ob mit der

Arbeit im Außengalopp begonnen werden kann. Daneben müssen noch weitere Voraussetzungen erfüllt werden. Es sollte eine Selbstverständlichkeit sein, daß das Pferd in allen Galopplektionen der Dressurklasse A im Handgalopp, also dem normalen Galopp mit Innenstellung, in Selbsthaltung einwandfrei geht. Dazu gehört auch das exakte Durchreiten der Ecken. Selbstverständlich sollte es ferner sein, daß zumindest gute Ansätze im versammelten Galopp vorhanden sind. Hierbei gibt es einen Prüfstein, der zeigt, ob das Pferd für den Außengalopp reif ist: Zunächst reitet man im versammelten Galopp halbe Bahn, zum Beispiel A – B – E – A mit gut ausgerittenen Ecken. Als Steigerung der Anforderungen folgt diese Arbeit dann auf einem Viertel der Bahn, also A – B – X – A, und zwar mehrmals herum. Jetzt zeigt sich, ob das Pferd im Handgalopp richtige Ecken und gerade Linien in schneller Folge beherrscht. Dabei sollte es sich wirklich um Ecken und nicht um halbe Volten handeln. Diese Lektion übt man mit einfachen Wechseln auf allen vier Vierteln der Bahn.

Sind alle vorbereitenden Arbeiten gründlich geübt und haben sich keine großen Probleme eingestellt, dann können (endlich) die eigentlichen Übungen im Außengalopp begonnen werden.

Der leichte Anfang: versammelter Galopp, ganze Bahn. An der langen Seite reiten wir eine ganz flache einfache Schlangenlinie im Handgalopp, ohne die Innenstellung zu verändern. Das Pferd geht, ohne es bewußt wahrzunehmen, auf der zweiten Hälfte des Bogens im Außengalopp. Wenn dies gefestigt ist, dann erweitern wir vorsichtig den Bogen bis zu einem Abstand von fünf Metern zur Bande. Auch dabei gilt die Regel, mit geringem Erfolg zufrieden zu sein und am ersten Tag nur auf einer Hand zu üben.

Nächste Übung: Handgalopp ganze Bahn und im versammelten Galopp ohne Galoppwechsel über die Diagonale wechseln. Dabei kommt es zunächst nicht darauf an, wo das Pferd den neuen Hufschlag erreicht. Wichtig ist allein, daß das Pferd nicht umspringt und sich der Reiter vornimmt: «Ich bleibe unverändert so sitzen!» Die Zügelhand der hohlen Seite erhält mit Gefühl und Vorsicht die Stellung, der innere Schenkel muß etwas deutlicher zufassen, und der äußere Zügel (der aufgewölbten Seite) gibt kurze Anzüge im Rhythmus des Sprunges, um das äußere Beinpaar zurückzuhalten. Nach einer kurzen Seite im Außengalopp wechselt man dann sofort wieder über die Diagonale zurück zum Handgalopp und vergißt das Loben nicht. Nach und nach verlängert man die Strecken im Außengalopp an der

Bande, rundet dabei aber zunächst die Ecken ab, deren Durchreiten im Außengalopp dem Pferd Mühe macht. Wichtig ist ein ruhiger Sitz mit einem leichten Bügeltritt in den Bügel der hohlen Seite. Der Gebrauch des inneren, stellenden Zügels muß beim Kontergalopp mit besonderer Vorsicht geschehen, da er sonst den inneren Hinterfuß am Unterspringen hindert. Obwohl sie auch die Aufgabe des Stellens im Genick hat, muß die innere Hand jeden Galoppsprung «herauslassen». Dazu braucht man viel Gefühl und eine gute Hilfe durch den Ausbilder.

Weitere Übungen für die Entwicklung des Außengalopps sind die Kehrtvolte aus der Ecke mit vorsichtigem Zurückführen auf den Hufschlag in einem großen Bogen und das Wechseln aus dem Zirkel ohne Galoppwechsel. Bei fortschreitender Arbeit müssen immer wieder Reprisen im Handgalopp ganze Bahn mit Tempoverstärkungen und auch im Trab eingebaut werden. Bitte vergessen Sie nicht das Loben, und denken Sie daran, immer wieder kurze Schrittphasen mit leichter Dehnungshaltung einzulegen, damit sich das Pferd entspannen kann.

Als letzte Schulungsphase erfolgt dann das Angaloppieren zum Außengalopp aus dem Trab und aus dem Schritt. Hierauf hatten wir das Pferd ja bereits durch die Schritt- und Trablektionen mit Außenstellung vorbereitet. Wenn die Außenstellung im Schritt und im versammelten Trab gefestigt ist, dann galoppieren wir nach der zweiten Ecke einer kurzen Seite – etwa am Zirkelpunkt – im Außengalopp an. Ein richtig gearbeitetes und vorbereitetes Pferd wird dann mühelos richtig anspringen. Es ist jetzt wichtig, still und korrekt sitzenzubleiben, in den Bügel der hohlen Seite hineinzutreten und die nächste Ecke abzurunden. Dann pariert man bald durch

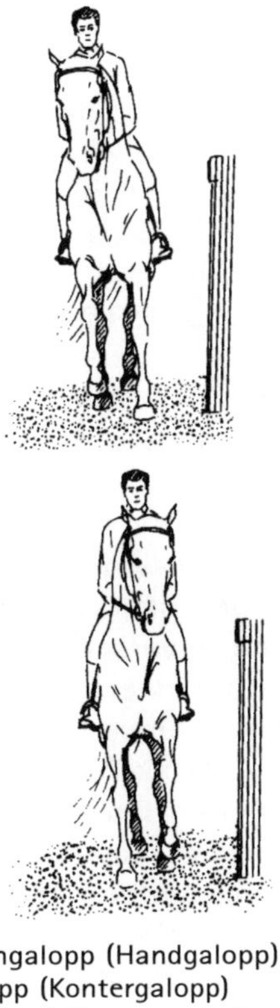

Oben Innengalopp (Handgalopp), unten Außengalopp (Kontergalopp)
Aus: Knopfhart, Dressur von A – S

und lobt das Pferd. Auch wenn ich mich wiederhole: Man beläßt es bei der *einen* Hand und übt die andere Hand erst an einem der nächsten Tage.
Zum Schluß die wichtigsten Regeln noch einmal zusammengefaßt:

- Konterstellungen gehören zu den versammelten Lektionen, die Pferde sollten also einen sicheren versammelten Trab und Galopp gehen. Dies ist vor allem deshalb wichtig, weil die Pferde anfangs leicht dazu neigen, bei der Arbeit in Außenstellung vorlastig zu werden und sich der Versammlung entziehen wollen.

- Bei allen Konterstellungen sitzt der Reiter leicht zur inneren Seite herunter – mit tiefem Knie, aber ohne in der Hüfte einzuknicken.

- Die Pferde dürfen sich bei der Arbeit nicht aufregen, immer wieder müssen Ruhe- und Streckpausen eingelegt werden.

Merksatz:
Im Außengalopp das Pferd nicht stören, nicht kämpfen – nur fühlen und sitzen.

Halten, Stehen, Rückwärtsrichten

Über die Parade zum Halten, die ganze Parade, wurde bereits gesprochen (siehe Seite 18). Sie wird, wenn sie aus dem Trab oder Galopp gegeben wird, nie überfallartig ausgeführt, sondern immer über einige versammelte Tritte oder Sprünge eingeleitet. Dies muß im Rhythmus der Bewegung geschehen: im Trab mit Kreuz gegen beide Hände (Fingerspitzen) und im Galopp hauptsächlich gegen die äußere Hand. Wird das Pferd im Galopp zu sehr mit der inneren Hand eingefangen, so kann es mit dem inneren Hinterfuß nicht mehr unterspringen und fällt sehr leicht in den Trab. Wichtig ist bei der Parade zum Halten, daß die Hinterbeine gut herangeholt werden und das Pferd so steht, daß die Last gleichmäßig auf alle vier Beine verteilt ist. Während in den Dressurklassen E und A eine geringe Schrittstellung toleriert wird, sollte das Pferd ab Klasse L absolut korrekt stehen.
Man muß sich davor hüten, beim *Stehen* zuviel Spannung in der Hand zu haben – Unruhe, Rückwärtstreten und seitliches Aus-

weichen sind die Folgen. Sobald das Pferd zum Stehen gekommen ist, muß die Hand sofort nachgeben. Es ist auch sinnvoll, schon bald das Halten auf der Mittellinie zu üben, denn auch ohne Anlehnung an die Bande muß das Pferd korrekt, vor allem aber gerade stehen. Daß es aufmerksam und kauend an der Hand stehen muß, versteht sich von selbst.
Bei der Übungsarbeit beobachtet man oft eine Unsitte: Der Reiter sieht jedesmal nach dem Halten nach unten, um sich vom einwandfreien Stehen zu überzeugen. Ein richtig gerittenes und gut ausbalanciertes Pferd stellt sich von selbst richtig hin, man muß ihm nur Gelegenheit dazu geben. Durch zuviel Korrigieren beim Stehen erzieht man sich oft Pferde, die gar nicht mehr stillstehen wollen.
Doch es gibt noch weitere Unsitten beim Halten, etwa das Naseputzen, das Zurechtsetzen im Sattel und das Unterhalten mit anderen. Auch der Reiter sollte beim Halten aber still sitzen und geradeaus schauen. Das hat nichts mit «preußischem Reglement» zu tun, wie manche verächtlich meinen, sondern gehört zu einer soliden Basisausbildung. Nur wenn der Reiter mit seinem Schwerpunkt still bleibt, kann auch das Pferd ruhig stehen – allein darauf kommt es an. Auch durch zu viele und zu oft geforderte Lektionen aus dem Halten wie Vorhandwendung, Hinterhandwendung und Rückwärtsrichten erzieht man sich unruhig stehende Pferde.
Wir sollten nicht vergessen, daß das Stehen eine dressurmäßig geforderte Lektion ist.

Das *Rückwärtsrichten* gehört zu den versammelten Lektionen. Hierbei kann man besonders gut erkennen, wie sich die Hanken biegen und das Pferd hinten niedriger wird. Das oberste Gebot bei dieser Übung heißt: keine Grobheit und keine Gewaltanwendung! Selbstverständlich muß das Pferd sicher an den Hilfen stehen.
Vor dem Rückwärtstreten muß man das Pferd so an beiden Schenkeln haben, als wolle man nach vorwärts anreiten. Durch geringe wechselseitige Hinweise aus den Fingerspitzen nach rückwärts verstärkt man den Druck auf das Pferdemaul und schiebt das Pferd mit der inneren Wade gefühlvoll nach hinten. Im Rhythmus der Tritte geben wir dabei mit den Händen wechselseitig kleine Hilfen. Zum Beenden des Rückwärtstretens drückt man das Pferd mit beiden Waden wieder nach vorn an die aushaltende Hand. Dabei darf es keinesfalls in Schrittstellung stehen bleiben. Gefühl und Hilfe durch einen guten Ausbilder sind hier besonders wichtig.
Oft wird beim Rückwärtsrichten ein entlastender Sitz gelehrt.

Solche Reiter erkennt man daran, daß sie sich bewußt nach vorn beugen. Damit kommt das Pferd auf die Vorhand, und die versammelnde Wirkung dieser Lektion ist aufgehoben.
Wenn das Pferd die beschriebene Hilfe mit der inneren Wade begriffen hat, dann wird man überrascht sein, wie leicht und spielerisch es diese Lektion künftig ausführt. Ein *leichter* Druck mit der inneren Wade nach hinten heißt «rückwärts», und der ebenso leichte Druck beider Waden nach vorn heißt «vorwärts». Auf diese Weise hat das Pferd auch bald die *Schaukel* begriffen, bei der es im Wechsel fließend vorwärts und rückwärts geht, ohne zu halten.
Die Hilfe zum Rückwärtstreten an der Bande, die zunächst nur mit dem inneren Schenkel gegeben wird, dient dem Zweck, ein Hereintreten der Hinterhand in die Bahn zu verhindern. Auch das Vorbeugen mit dem Oberkörper wird so vermieden. Beim späteren Rückwärtsrichten ohne Bandenanlehnung führen dann beide Waden die Hinterbeine auf gerader Linie zurück.
Das Rückwärtsrichten soll in exakter diagonaler Fußsetzung erfolgen. Man spricht bei dieser Lektion auch nicht von Schritten, sondern von *Tritten.* Meist werden drei Tritte = eine Pferdelänge verlangt. Da der dritte Tritt aber nur ein halber Tritt ist, geht das Pferd tatsächlich nur zweieinhalb Tritte zurück. Oft werden auch dreieinhalb Tritte als Norm geritten. Nach dem Zurücktreten muß das Pferd wieder «geschlossen» stehen, das heißt, beide Beinpaare sollen genau nebeneinander plaziert werden.
Ein grober Fehler ist das Zurückziehen des Pferdes mit beiden Händen «über den Rücken hinweg» – aber das sollten wir uns bereits während der Grundausbildung abgewöhnt haben, wir reiten ja jetzt in L.
Eine vorzügliche Übung zur Förderung der Hankenbeugung ist das Antraben zum versammelten Trab aus dem Rückwärtsrichten heraus, ohne vorher zu halten. Dabei kommt uns die diagonale Fußfolge beider Bewegungsabläufe sehr zu Hilfe. Gelingt diese Übung geschmeidig und elegant, dann muß man Reiter und Pferd ein verdientes Lob aussprechen. Denn nicht nur die Pferde wollen gelobt werden, auch der Reiter braucht das manchmal – schließlich soll er mit Zufriedenheit und freudiger Stimmung die Stunde beenden. Das Verhältnis zwischen Ausbilder, Reiter und Pferd – dieses Dreieck muß «stimmen».
Noch ein Hinweis zum Schluß: Wenn das Pferd beim Rückwärtstreten in die Bahn drängt – ein häufiger Fehler –, dann sitzt der Reiter oft zu innenlastig. Nach dem gültigen Lehrsatz tritt das Pferd unter den Schwerpunkt des Reiters. Ein

deutlich gerader Sitz mit zurückgenommenem innerem Schenkel schafft meist Abhilfe. Wenn nicht, dann gibt man dem Pferd beim Rückwärtstreten eine angedeutete Schulterhereinstellung, aber ohne nach innen herunterzusitzen!

Hinterhandwendung und Kurzkehrtwendung

Die Hinterhand- und die Kurzkehrtwendung sind für mich immer wieder Gradmesser für den Ausbildungsstand eines Pferdes, besonders aber für das Können eines Reiters.

Vor Beginn der *Hinterhandwendung* ist es wichtig, daß das Pferd korrekt und still steht. Zur Einleitung dieser Lektion sorgt man für eine geringe Innenstellung, die dann zur Innenbiegung werden muß. Der Reiter setzt sich deutlich auf den inneren Gesäßknochen nach einwärts-rückwärts. Dabei ist die Vorstellung hilfreich, auf dem inneren Hinterfuß des Pferdes zu sitzen. Keinesfalls darf man in der Hüfte einknicken! Der innere Schenkel bleibt am Gurt, der äußere wird etwa eine Handbreit zurückgenommen, und der innere Zügel führt, leicht seitwärts weisend, die Vorderbeine Tritt für Tritt auf einem Halbkreis um die Hinterbeine herum. Dabei darf das Pferd auf keinen Fall rückwärts treten. Der Reiter muß das Pferd immer *vor* den Schenkeln und vor dem inneren Gesäßknochen haben. Der gestraffte Sitz nach aufwärts-rückwärts-einwärts muß unbedingt beibehalten werden, bis das Pferd die Wendung beendet hat. Der Drehpunkt soll nahe am inneren Hinterfuß liegen, der sich im Rhythmus des Schrittes vom Boden heben muß. Das Pferd steht nach der Wendung somit etwas neben dem vorherigen Hufschlag und wird – noch im Fluß der Bewegung – mit wenigen kleinen Schritten nach *vorwärts-seitwärts* auf den ursprünglichen Hufschlag geführt. Bis dahin soll das Pferd die zu Anfang eingenommene leichte Innenstellung und Innenbiegung beibehalten. Die Hinterhandwendung endet mit einem korrekten Halten und ruhigem Stehen.

Die häufigsten Fehler bei der Hinterhandwendung:
Es darf nie eine Tendenz nach rückwärts aufkommen! Die gesamte Wendung ist mit einem deutlichen Gedanken an «vorwärts» zu reiten. Ein weiterer häufiger Fehler ist das Ausfallen (Seitwärtstreten) des äußeren Hinterfußes. Dies muß der zurückgenommene äußere Schenkel verhindern, der über das Verwahren hinaus eventuell sporadisch aktiv werden muß. Ein zu starker Gebrauch als seitwärts-

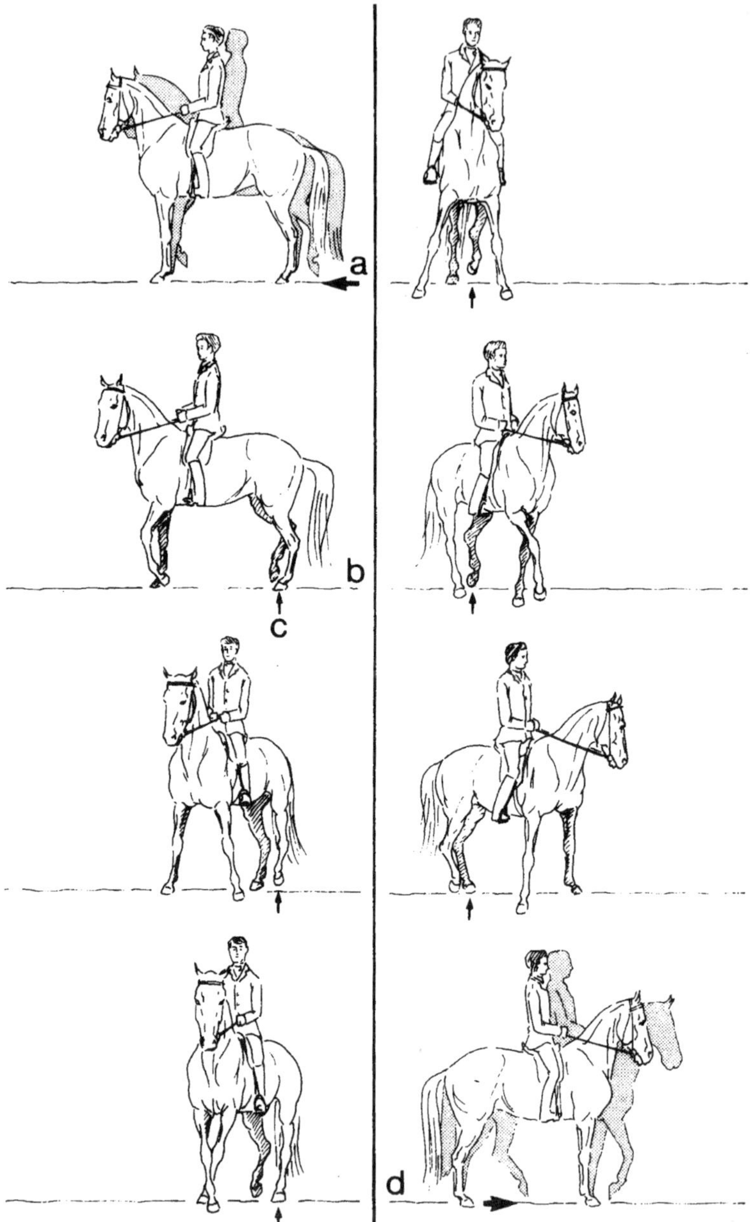

Die Wendung auf der Hinterhand
a Parade zum Halten (ganze Parade)
b Einleitung der Wendung
c lebhaftes Treten des inneren Hinterfußes
d Beendigung der Wendung:
Halten – Anreiten

Aus: Knopfhart, Dressur von A - S

Merksatz:
Die Hinterhandwendung beginnt und endet mit je zwei halben Schritten nach vorwärts.

treibender Schenkel muß allerdings vermieden werden, weil er die Hinterbeine dann zum Kreuzen bringen kann, was als Fehler gilt.
Die Vorderbeine hingegen kreuzen auf dem bereits erwähnten Halbkreis. Pferde, die zu Beginn der Wendung immer wieder die Tendenz nach rückwärts zeigen, reitet man zunächst bewußt zwei bis drei halbe Schritte vorwärts und leitet aus dieser Vorwärtsbewegung heraus dann die Wendung ein.

Erwähnenswertes zum Schluß:
Grundsätzlich sei festgestellt, daß der Hauptzweck der Hinterhandwendung *nicht* die Richtungsänderung um 180 Grad ist, sondern eine äußerst anspruchsvolle versammelnde Lektion mit deutlicher Tätigkeit der Hanken und schöner Aufrichtung. Der äußere Zügel muß hierbei besonders feinfühlig gehandhabt werden: Obwohl das Pferd außen eine gute Anlehnung braucht, darf er nie nach rückwärts wirken.
Bei der Hinterhandwendung gibt es zwei Sprachgebräuche: «Wendung *um* die Hinterhand» und «Wendung *auf* der Hinterhand». Hierzu folgende Erklärung: Sieht man die Hinterhandwendung lediglich als eine Richtungsänderung an, die «irgendwie» geritten oder bei der das Pferd «herumgezogen» wird, dann ist die Formulierung «*um* die Hinterhand» wohl richtig. Betrachten wir diese Wendung aber dressurmäßig als versammelnde Lektion, bei der das Pferd auf die Hinterbeine gesetzt wird – gesetzt werden muß – dann bleibt nur die Formulierung «Wendung *auf* der Hinterhand».

Die *Kurzkehrtwendung:* Sehr oft wird bei der Erklärung der Hinterhandwendung der Satz angehängt, bei der Kurzkehrtwendung seien Hilfengebung und Ausführung die gleichen wie bei der Hinterhandwendung, mit dem Unterschied, daß das Pferd vor und nach der Wendung nicht zum Halten käme.
Diese Aussage ist im Prinzip wohl richtig, sie trifft aber nicht Sinn und Zweck dieser Lektion. Die Kurzkehrtwendung ist eine der vorzüglichsten Übungen zur Förderung einer anspruchsvollen Versammlung für solche Pferde, die in der Hinterhand entsprechend gymnastiziert und gefestigt sind. Sie wird grundsätzlich im Schritt ausgeführt, doch ihre besondere Wertung erhält sie, wenn in die Trabarbeit eingebaut wird, und

zwar nach etwa folgender Regel: Nachdem man durch Tempowechsel im Trab eine gute Versammlung erreicht hat, sollte man vom Mitteltrab über ein paar versammelte Tritte zum Schritt kommen, etwas Innenstellung mit einem kleinen Gedanken an Traversstellung geben und unter Aufrechterhaltung der Versammlung in die Kurzkehrtwendung gehen. Beide Hinterbeine sollen sich dabei im Rhythmus der Schrittbewegung heben und einen kleinen Halbkreis treten. Im Laufe der Ausbildung ist zu empfehlen, eine bestimmte Zahl an Tritten herauszureiten. Das wichtigste Element dabei ist die Erhaltung von Versammlung und Aufrichtung.

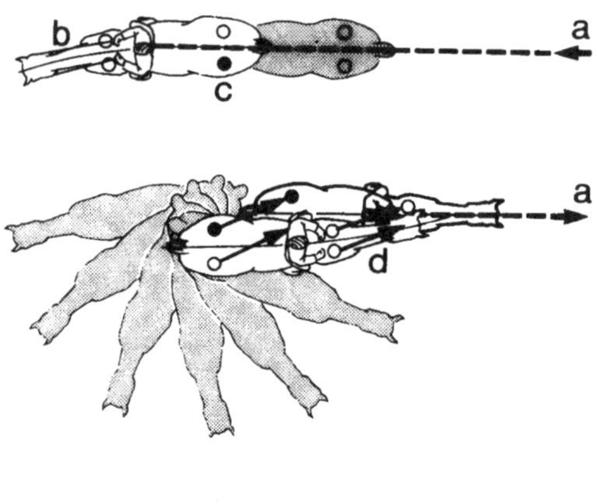

Die Kurzkehrtwendung

a Hufschlag

b Einleitung der Wendung ohne Halten

c Wendung auf den Hinterbeinen im Rhythmus des Schrittes

d Ende der Wendung im Vorwärtsreiten ohne Halten

Nach der Wendung wird – bei gutem Heranhalten beider Hinterbeine – wieder angetrabt. Das Ziel dieser Arbeit liegt in einer Verfeinerung von Versammlung und Eleganz. Die Wendung selbst soll also die Tätigkeit beider Hinterbeine nicht nur erhalten, sondern weiter fördern. Das ist der Zweck dieser sehr oft vernachlässigten Lektion. In der Vollkommenheit entwickelt sich die Kurzkehrtwendung dann zur Schrittpirouette.

Es versteht sich von selbst, daß auf unserem Weg von A nach L die Kurzkehrtwendung in der Vollendung nicht am Anfang, sondern am Schluß unserer versammelnden Arbeit stehen kann. Eine gut aufgebaute Gymnastizierung der Hinterhand ohne jegliche Überforderung ist das Geheimnis des späteren Erfolges.

Zum Schluß noch eine kleine ironische Bemerkung: Warum sieht man diese so vorzügliche Übung eigentlich so selten in den Reithallen – und noch viel seltener gut geritten?

Meine Antwort: Weil sie für den Zuschauer ganz und gar nicht spektakulär wirkt, die meisten aber sowieso nicht viel davon verstehen. Da glänzt man doch lieber mit ein paar wilden fliegenden Galoppwechseln, denn darin sehen ja die meisten den «wirklichen» Könner.

Die Arbeit mit Kandare

Grundsatz:
Die Kandare dient der Verfeinerung der Verständigung zwischen Reiter und Pferd. Sie darf nie als «gehobener» Ersatz für den Schlaufzügel mißbraucht werden.

Wie bereits am Anfang dieses Buches erwähnt, soll das Pferd den Weg in die Versammlung zunächst auf Trense gehen, wobei die Gymnastizierung der Hinterbeine an erster Stelle steht. Erst dann, wenn durch die Entwicklung der Tragkraft die Grundlektionen der Versammlung beherrscht werden, darf der Übergang zur Kandarenzäumung stattfinden. Die letzten Anforderungen an Versammlung und Aufrichtung, wie sie unter anderem im Abschnitt über die Kurzkehrtwendung (siehe Seite 65) dargestellt werden, sind dann mit Sicherheit nur mit der Kandare zu erreichen.
Im Kapitel über die Kandarenzäumung ab Seite 21 wurden die Kandare und ihre Wirkungsweise bereits ausführlich dargestellt, so daß wir uns jetzt auf die praktische Arbeit konzentrieren können.

Verschiedene Arten der Zügelführung

Bei der Kandarenzäumung gibt es mehrere Möglichkeiten der Zügelführung. Es ist empfehlenswert, hierbei dem Rat des Ausbilders zu folgen, der ja auch beim Anpassen und Verschnallen der neuen Zäumung helfen wird. Die heute gebräuchlichste Art der Zügelführung nennt man *zwei zu zwei (2:2)* oder *mit geteiltem Zügel.* Doch hier gibt es bereits wieder zwei Möglichkeiten:

Die erste besteht darin, daß der linke Trensenzügel unterhalb des kleinen Fingers in die volle linke Hand läuft und der Kandarenzügel zwischen dem kleinen und dem Ringfinger liegt. Das gleiche gilt entsprechend für die rechten Zügel und die rechte Hand. Bei der zweiten Möglichkeit läuft der Trensenzügel zwischen dem kleinen und dem Ringfinger in die Hand hinein, während der Kandarenzügel zwischen Ring- und Mittelfinger liegt. Der in beiden Fällen *unten* laufende Trensenzügel entwickelt so beim Eindrehen der Hand die größere Wirkung.
Die ältere und damit klassische Art der Zügelführung, die heute zum Teil noch gelehrt wird, heißt *drei zu eins (3:1)* oder auch *angefaßte Trense*. Zu dieser Lehre gehört auch die durchgezogene Trense, bei der alle vier Zügel in eine Hand, nämlich grundsätzlich in die linke, genommen werden. Das kommt nicht nur daher, daß früher in der rechten Hand die Waffe (Lanze und Säbel) getragen wurde, sondern auch von dem Brauch, im Wettkampfsport mit der rechten Hand zu grüßen. Und auch beim «Bügeltrunk» wird das Glas in die rechte Hand genommen.
Die Führungen *3:1* und *Zügel in einer Hand* haben den Vorteil einer ruhigen und gleichmäßigen Anlehnung – vorausgesetzt, daß es sich um einen guten Reiter handelt. Die Pferde gehen bei diesen Zügelführungen meist viel schöner. Einer meiner früheren Ausbilder begründete das so: «Weil eine Hand nur die Hälfte von dem Blödsinn machen kann, den sonst zwei Hände machen!»
Und so sieht die Führung *Zügel in einer Hand (durchgezogene Trense)* aus:

- linker Trensenzügel unter dem kleinen Finger
- linker Kandarenzügel zwischen kleinem Finger und Ringfinger
- rechter Kandarenzügel zwischen Ring- und Mittelfinger
- rechter Trensenzügel zwischen Mittel- und Zeigefinger

Also: Trense, Kandare, Kandare, Trense. Die vier Zügelenden laufen übereinandergelegt zwischen Zeigefinger und Daumen heraus. Bei dieser Gelegenheit möchte ich daran erinnern, daß beim Trensen- und Kandarenzügel eine Zügelhälfte immer etwas länger ist als die andere – so war es jedenfalls früher. Diese längere Hälfte wird immer links eingeschnallt, weil die Zügelenden rechts herunterhängen sollen und dabei der beziehungsweise die linken Zügel den etwas längeren Weg haben, um nach rechts ausgeglichen herunterzuhängen.
Hier eine gebräuchliche Art, die Zügel bei dieser Führung aufzunehmen: Mit dem Ringfinger der linken Hand greift man von

A1
Geteilte Zügelführung 2:2
(Trensenzügel unter
kleinem Finger):
die gebräuchlichste Art
der Zügelführung

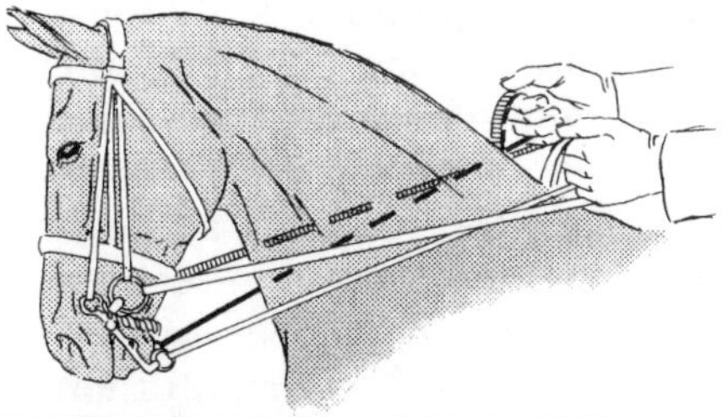

A2
Geteilte Zügelführung
2:2 (Trensenzügel
zwischen kleinem Finger
und Ringfinger)

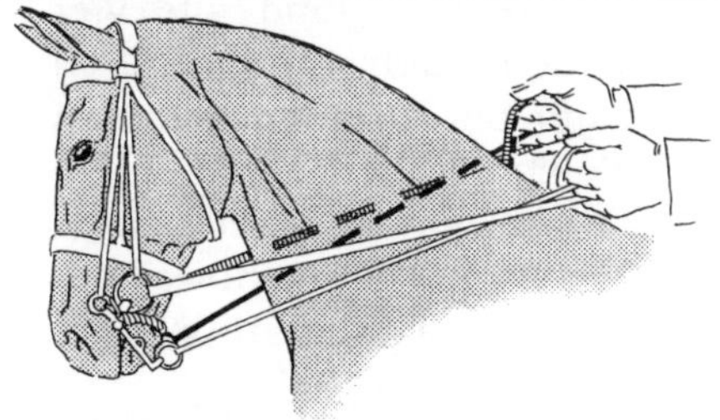

B
Geteilte Zügelführung
2:2 (Kandarenzügel unten)

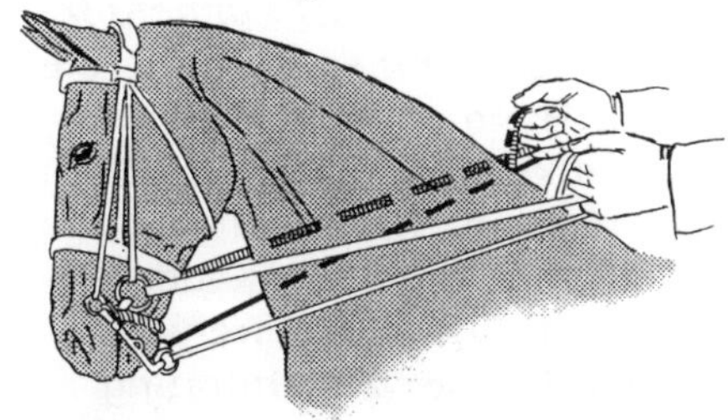

C
Durchgezogene Trense
(Zügel in einer Hand)

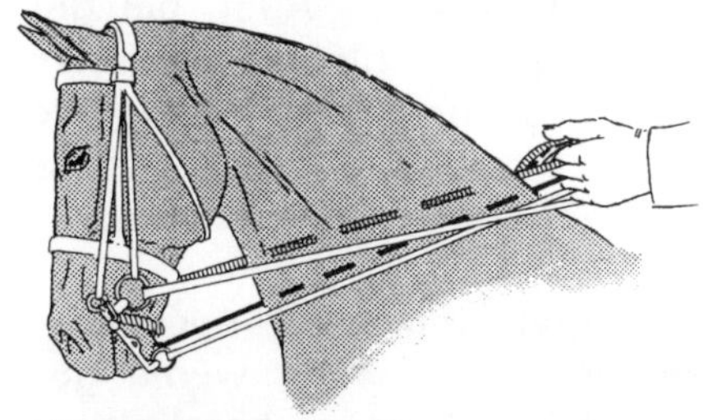

D
Zügelführung 3:1
(angefaflte Trense)

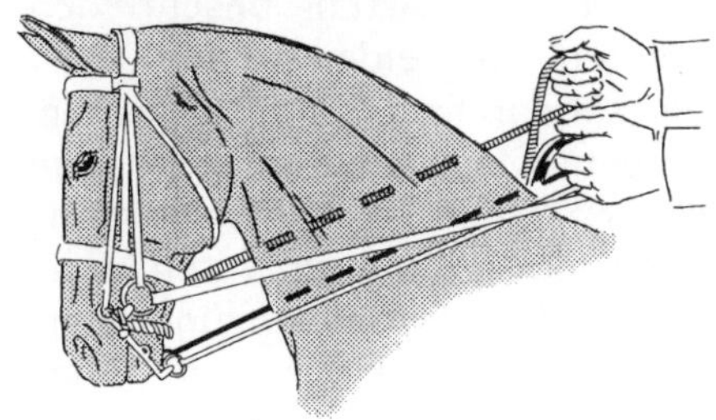

Aus: Richtlinien für Reiter und Fahren Band 1, FN-Verlag

oben in den geteilten Kandarenzügel hinein und schließt die Hand. Dann nimmt die volle linke Hand mit abgespreiztem Daumen den linken Trensenzügel auf, anschließend legt man den rechten Trensenzügel zwischen Mittel- und Zeigefinger. Zum Schluß zieht die freie rechte Hand alle vier Zügelenden nach hinten durch die Finger bis zu einem leichten und gleichmäßigen Widerstand. Zum Reiten wird die linke Faust geschlossen und aufrecht vor der Körpermitte über dem Widerrist getragen.
Um zur Führung *3:1 (angefaßte Trense)* zu kommen, ergreift die rechte Hand zwischen Ringfinger und kleinem Finger von oben den rechten Trensenzügel. Die linke Hand nimmt die Kandarenzügel und den linken Trensenzügel wie bei der Zügelführung in einer Hand auf. Auch bei der Führung 3:1 bleibt die linke Hand vor der Körpermitte, die rechte Hand wird etwa zwei bis drei Finger daneben getragen.

Zur Ergänzung sollen noch zwei weitere, wenn auch wenig gebräuchliche Arten beschrieben werden. In beiden Fällen läuft der Kandarenzügel *unten*, also bei geteilter Zügelführung unter dem kleinen Finger, und der Trensenzügel oben. Bei der ersten Variante liegt der Trensenzügel zwischen kleinem Finger und Ringfinger, (Skizze C) bei der zweiten sogar ganz oben zwischen Zeigefinger und Daumen. Diese zuletzt beschriebene Art nennt man *Fillis-Führung*. Sie wird nicht gern gesehen, weil beim Eindrehen der Hand wegen des großen Hebels der unten laufende Kandarenzügel dauernd vorherrscht. Sicher gibt es Pferde, die mit Fillis-Führung optimal gehen, doch man sollte diese Art der Zügelführung den großen Meistern der S-Dressur überlassen. Auf unserem Weg von A nach L hat die Kandare «unten» keine Berechtigung.

Hinweise zur praktischen Arbeit
Um das Pferd an die unbekannte Kandarenzäumung zu gewöhnen, wird die Kinnkette anfangs nur lose eingelegt und der Kandarenzügel zunächst nicht auf-

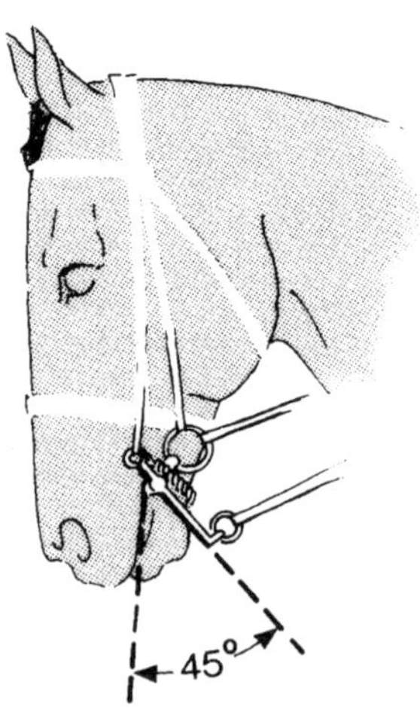

Richtig eingelegte Kinnkette
Aus: Storl, Die Ausbildung des jungen Pferdes

genommen. Das Pferd soll sich auf langen geraden Linien erst einmal an die neue Zäumung gewöhnen.
Erst nach dieser Gewöhnungsphase wird die Kinnkette richtig eingelegt, so daß der Kandarenanzug bei leicht anstehendem Zügel einen Winkel von 45 Grad zur Maulspalte bildet. Nun beginnt man damit, den gleichen Weg der bisherigen Ausbildung noch einmal mit Kandare zu wiederholen – bei eventuell abgekürzten Zeitspannen.
In der Zeit der ersten Gewöhnung dürfen noch keine versammelnden Lektionen geritten werden. Das Pferd soll zunächst lernen, vertrauensvoll an die federnde Kandare heranzutreten und sie anzunehmen. Dabei ist von Anfang an auf ein *schwungvolles* Herantreten an die Stange zu achten. Erst wenn Gehfreude und Schub aus der Hinterhand gesichert sind, beginnt die eigentliche verfeinernde Arbeit der Versammlung.
Auch kandarenreife Pferde müssen zwischendurch immer wieder auf Trense «nachgearbeitet» werden, vor allem dann, wenn sie sich in den Ganaschen festgemacht haben. Eine Förderung der Ganaschenbiegung ist nur auf Trense möglich, weil die Stange kaum ein einseitiges Biegen zuläßt; so hat die Arbeit auf Trense immer wieder die Weichheit in den Ganaschen zu überprüfen.
Beim Biegen beziehungsweise Stellen mit Kandarenzäumung leitet der innere Trensenzügel die Biegung oder Stellung ein. Der äußere Kandarenzügel gibt nach. Später muß das Pferd dann lernen, die begrenzende und führende Aufgabe des äußeren Kandarenzügels zu verstehen. Zu Anfang darf dieser also nicht zu kurz sein. Beim Reiten auf Kandare muß bei jedem Handwechsel das Zügelmaß korrigiert und neu geordnet werden.
Vor allen Dingen aber ist bei der Arbeit mit Kandare zu beachten, daß die Hinterbeine mit «Schmalspur» kraftvoll unter den Schwerpunkt des Pferdes treten müssen. Breitspurig gehende oder gar nachschleppende Hinterbeine deuten auf einen falschen Weg der Ausbildung hin.

Zur Erläuterung möchte ich sagen, daß bei der Ausbildung der berittenen Truppen – außer in der Remontezeit – fast ausschließlich auf Kandare geritten wurde, also auch im Gelände. Vielen Reitern wird aber unbekannt sein, daß früher nach jeder Dressurprüfung ein sogenannter Gehorsamssprung von etwa 80 Zentimetern Höhe zu absolvieren war; bei Kandarenprüfungen bis zur Klasse S etwa bis zum Jahr 1980, für L-Prüfungen etwa bis 1985.
Diese Erklärung für die Ungläubigen – man sprang tatsächlich mit Kandarenzäumung.

Die wichtigsten Forderungen auf einen Blick:

- Die Reiterhand muß unabhängig vom Sitz völlig still stehen.
- Die treibenden Hilfen müssen immer überwiegen.
- Beim Biegen darf der äußere Kandarenzügel nie klemmen.
- Das Pferd muß, vor allem zu Beginn der Kandarenausbildung, immer vorherrschend am Trensenzügel stehen. Ein zu starker Gebrauch der Kandare bringt das Pferd hinter die Senkrechte.
- Die Hebelwirkung verbietet jeglichen Krafteinsatz mit der Hand, und falls mit Kandare einmal ein Sprung gemacht wird, müssen die Kandarenzügel völlig durchhängen. Einer meiner früheren Ausbilder während der Soldatenzeit sagte einmal den Satz: «Wer sich mit Selbstmordgedanken befaßt, der muß über dem Sprung den Kandarenzügel stark annehmen. Mit großer Wahrscheinlichkeit bricht er sich das Genick!»

Aufbau der Arbeit und weiterführende Lektionen

Der um seine Weiterbildung bemühte Reiter muß sich von dem Gedanken frei machen, daß die in den Dressurprüfungen geforderten Lektionen Hauptinhalt der Ausbildungsarbeit seien. Das heißt für unseren Weg nach L, daß wir nicht in den Fehler verfallen dürfen, in den Reitstunden ausschließlich an den versammelten Lektionen der Prüfungsklasse L zu arbeiten.

Die Übungsstunde muß auch jetzt immer mit lösenden Lektionen beginnen. Dabei sollte man Übungen wie das Übertreten auf der offenen Seite des Zirkels und Volten im Schwenken nicht vergessen. Dann muß eine ausreichend lange Arbeitsphase mit Basislektionen folgen, zum Beispiel mit Schlangenlinien, Zirkel verengen und erweitern, Volten, Paraden zum Halten und Stillstehen als Übergang zur Versammlung. Eine vorzügliche Arbeit zur Förderung von Aufmerksamkeit und Durchlässigkeit ist das Angaloppieren aus einer Trabvolte heraus (im letzten Viertel der Volte), bald wieder Übergang zum Trab und erneutes Angaloppieren aus der Volte heraus. Der Übergang zur versammelten Arbeit muß nach und nach erfolgen – immer wieder die Hand wechseln und keine Langeweile aufkommen lassen.

Hat sich der Reiter einmal «festgezogen», oder hat sich das Pferd verspannt, dann muß man sofort zur lösenden Arbeit zurückkehren. Es ist wichtig, viel Geduld mitzubringen und mit kleinen Erfolgen zufrieden zu sein.
Man hüte sich aber auch vor einem Fehler in die andere Richtung – damit meine ich folgendes: Wenn der Aufbau gut war und das Pferd mit schöner Versammlung geht, dann darf man keinesfalls etwa eine Vorhandwendung einbauen! Denn mit dieser lösenden Lektion kommt das Pferd auf die Vorhand, und der gute Aufbau ist, wenn auch nicht völlig vergebens, doch zumindest gestört. Weiterhin wird auch das Pferd verunsichert. Lösende Lektionen gehören an den Beginn der Arbeit!
Um Mißverständnisse auszuschließen, muß aber gesagt werden: Selbstverständlich sollen auch in die versammelnde Arbeit Übungen wie Überstreichen im Trab und Galopp sowie Schrittphasen mit geringer Dehnungshaltung eingebaut werden. Aber völlig auseinanderfallen und auf die Vorhand kommen darf das Pferd dabei nicht, es sei denn, man will eine Streckpause einlegen und neu beginnen.
Die Arbeitsweise ist von Pferd zu Pferd unterschiedlich und richtet sich nach Alter, Ausbildungsstand und Kondition. Es gibt auch bei Pferden sogenannte Spätentwickler. Ein relativ junges Pferd am Anfang seiner versammelnden Arbeit kann nicht zehn Minuten lang in hoher Versammlung gehen. Um dem Pferd nicht den Spaß an der Mitarbeit zu nehmen, sind immer wieder Pausen mit Dehnungshaltung notwendig. Reiter mit Gefühl, Pferdeverstand und Selbstdisziplin finden in den meisten Fällen den richtigen Weg.

Als Hilfsmittel für die versammelnde Arbeit gibt es Übungen und Lektionen, die als solche in eine höhere Dressurklasse gehören. Ich meine hier vor allem das Schulterherein und die Traversstellung, auch als «Kruppeherein» bezeichnet. Ferner sollte sich ein Reiter mit höher gestecktem Ziel unbedingt mit den Übungen der Arbeit an der Hand befassen.

Schulterherein

Das Schulterherein wurde bereits im Abschnitt über Geraderichten und Biegen ab Seite 37 ausführlich behandelt. Wie dort erwähnt, dient das Schulterherein aber nicht nur der geraderichtenden Arbeit, sondern gilt in der weiteren Dressurausbildung als Basislektion für alle Seitengänge. Der hervorragende Sinn und Zweck des Schulterhereins liegt jedoch in einer einseitigen Gymnastizierung des jeweils inneren Hinterbeines. Der Grad der Längsbiegung richtet sich dabei nach dem Ausbildungsstand des Pferdes.

Eine geringe Biegung, bei der das innere Hinterbein zwischen beiden Vorderbeinen fußt, nennt man auch *Schultervor.* Bei der vollendeten Ausführung soll das innere Hinterbein jedoch in die Spurlinie des äußeren Vorderbeines treten. Reiterlich exakt ausgedrückt, muß dies jedoch heißen: Das äußere Vorderbein fußt *vor* der Spur des inneren Hinterbeines, denn wie wir bereits wissen, sagt die Regel, daß die Vorderbeine immer auf die Hinterbeine eingerichtet werden. Genauso geschieht es beim Geraderichten.

Eine sehr gute Übung unter Verwendung des Schulterhereins ist folgende: Beim Tempowechsel im Trab gibt man dem Pferd eine dem Ausbildungsstand angepaßte Schulterhereinstellung, am besten aus der Ecke heraus. Dann stellt man das Pferd mit tief geführtem äußeren Zügel gerade und läßt es antreten. Nach einigen verstärkten Tritten fängt man es wieder ein und kommt mit Schulterherein wieder zur Versammlung. Auch der Einbau einer Volte ist dabei oft hilfreich, vor allem bei heftig werdenden Pferden.

Auch bei dieser Arbeit sind die Gedanken des Reiters wichtig: Versammeln = die Hinterbeine *tragen*, Zulegen = die Hinterbeine *schieben.* So erfolgt ein mehrmaliger Wechsel zwischen Tragen und Schieben, zunächst an der langen Seite, später auf der Diagonalen und auch auf der kurzen Seite. Oft gewinne ich den Eindruck, daß die Pferde diesem «Gedankenspiel» des Reiters mit Vergnügen folgen. Aber auch hierbei darf man nie überfordern; an der richtigen Dosierung erkennt man das Können des Meisters.

Beim richtig gerittenen Schulterherein gehen die Hinterbeine dicht aneinander vorbei auf einer *Schmalspur.* Einer der größten Fehler beim Schulterherein

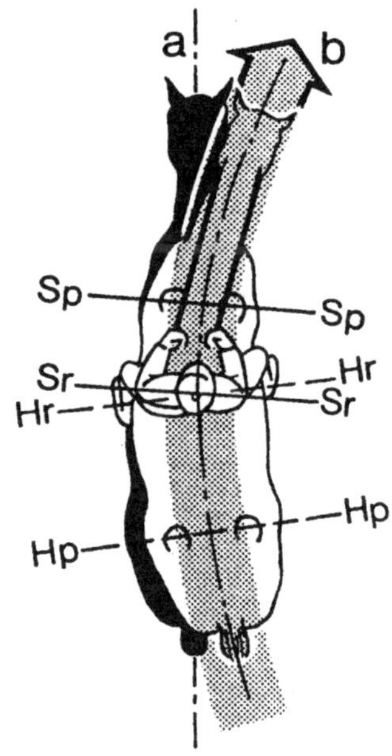

Längsbiegung (rechts)
a geradeaus gestellt
b rechts gebogen
Sp Schulter des Pferdes
Sr Schulter des Reiters
Hp Hüfte des Pferdes
Hr Hüfte des Reiters
Aus: Storl, so lernt man reiten

> **Merksatz:**
> Der *Antritt* ist wichtiger als ein langer Mitteltrab.

ist der zu stark gebogene Hals. Der tief geführte äußere Zügel muß hier deutlich begrenzen.

Konter-Schulterherein

Das *Konter-Schulterherein* ist eine Lektion, die leider sehr oft vernachlässigt wird, die aber zur Förderung von Reiter und Pferd vorzüglich geeignet ist. Wie der Name sagt, handelt es sich beim Konter-Schulterherein um ein Schulterherein mit Außenbiegung, das man richtiger als «Schulterheraus» bezeichnen könnte. Hierbei müssen die Hinterbeine auf einer geraden Linie gehen, die mit einem Abstand von etwa 50 Zentimetern parallel zum äußeren Hufschlag verläuft. Durch die Außenbiegung ist der Kopf gegen die Bande gestellt, die Vorderbeine spuren, sich leicht kreuzend, auf dem äußeren Hufschlag. Wichtig ist, daß die Hinterbeine immer den gleichen Abstand zur Bande haben, daß das Pferd hinten also nicht schwankt. Der äußere Schenkel (Schenkel der aufgewölbten Seite) hat neben dem Biegen die weitere Aufgabe, die Hinterbeine auf der geraden Linie zu halten. Der innere Schenkel muß das gleichseitige Hinterbein gut unter den Schwerpunkt holen.

Das Konter-Schulterherein kann man im fortgeschrittenen Stadium auch durch die Ecken und auf dem großen Zirkel reiten. Dies verlangt allerdings viel Feingefühl des Reiters und eine tadellose Übereinstimmung der Hilfen. Da die Vorderbeine dabei einen größeren Weg beschreiten, muß sich das Pferd hinten mehr aufnehmen. Dadurch werden Aufmerksamkeit, Durchlässigkeit und Gymnastizierung in hohem Maße gefordert.

Oft wird die Frage gestellt, welche Schulter des Reiters bei den Seitengängen zurück beziehungsweise nach vorne genommen werden soll. Hierzu eine Generalregel: Bei allen Seitengängen, wie bei Biegungen allgemein, müssen die Schultern des Reiters immer parallel zu den Schultern des Pferdes stehen. Die gleiche Regel gilt für die Hüften von Pferd und Reiter. Nehmen wir das Konterschulterherein als Beispiel: Konterschulterherein rechts (auf der linken Hand) erfordert ein Zurücknehmen der rechten Schulter des Reiters. Die rechte Hüfte wird aber leicht nach vorn gedrückt, um die Hinterbeine gerade auszurichten. Das Pferd muß den Reiter immer leicht nach innen heruntersetzen.

Schulterherein
rechts im Trab

Renvers rechts im Trab
H1 äußerer Hufschlag
H2 zweiter Hufschlag

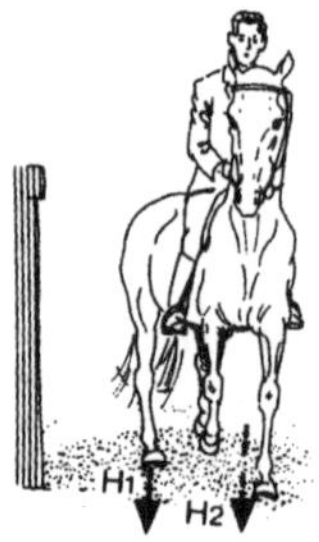

Zeichnungen aus:
Knopfhart, Dressur
von A - S

Konter-Schulter-
herein links
im Trab

Zum Vergleich:
a Kontergalopp
b Konter-Schulter-
herein

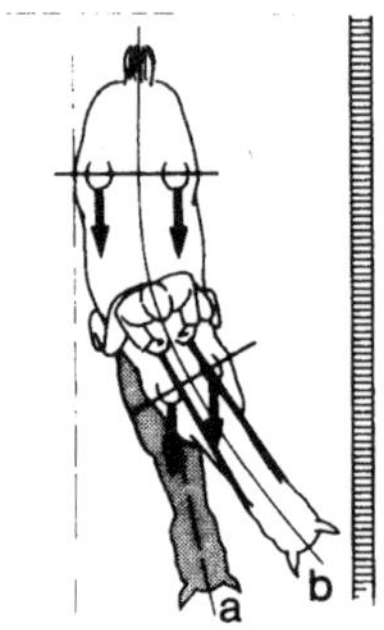

Travers links
im Trab

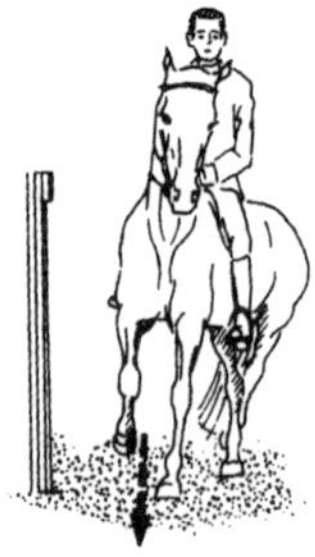

Travers

Das Travers (Kruppeherein) gehört wie das Schulterherein zu den Seitengängen mit Längsbiegung der gesamten Wirbelsäule. Leider wird diese Lektion oft etwas vernachlässigt. Der Unterschied zum Schulterherein liegt darin, daß nicht die Vorderbeine, sondern die Hinterbeine in die Bahn gestellt sind und die Vorhand auf dem Hufschlag geradeaus geht. Das Neue und Schwierige dieser Lektion besteht vor allem darin, daß das Pferd mit beiden Hinterbeinen in die Biegung hineintritt. Der innere Hinterfuß wird dadurch beim Vortritt unter den Schwerpunkt stark gebeugt und belastet.

Das Travers erfordert ein gut gerittenes und schenkelgehorsames Pferd und wird erst nach dem Schulterherein gelehrt. Zu Anfang ist es zu empfehlen, die Biegung aus der zweiten Ecke der kurzen Seite beim Übergang zur langen Seite beizubehalten und die Hinterbeine gar nicht erst an die Bande zu lassen. Dabei muß der zurückgenommene äußere

Schenkel deutlich seitwärtstreibend eingesetzt werden. Im fortgeschrittenen Stadium empfiehlt sich ein Wechsel zwischen Schulterherein und Travers an der langen Seite als vorzügliche Belehrung für Reiter und Pferd. Dabei bleibt die Längsbiegung exakt erhalten, während die Vorder- und Hinterbeine im Wechsel hereingestellt werden. Der äußere Schenkel drückt aber nicht nur die Hinterhand in die Bahn, sondern holt dabei auch das äußere Hinterbein nach vorn. Der innere Schenkel erhält am Gurt die Biegung, bringt aber vor allem das innere Hinterbein nach vorn unter den Schwerpunkt. Die Traversstellung ist dann gelungen, wenn der innere Vorderfuß vor der Spur des hereingestellten äußeren Hinterfußes geht. Aber auch hier muß man zu Beginn mit kleinen Erfolgen zufrieden sein.

Beim Beenden des Travers wird die Vorhand zum Geradestellen nach innen geführt und spurdeckend vor die Hinterhand gerichtet. Anschließend wird das mit leichter Innenstellung gehende Pferd mit äußerem Zügel und innerem Schenkel vorwärts-seitwärts auf den Hufschlag zurückgeführt.

Wie bei allen Seitengängen, erfolgt auch hier die erste Übung für Reiter und Pferd grundsätzlich im Schritt. Die erfolgreiche Gymnastizierung der Hinterhand erreicht man allerdings erst später im versammelten Trab. Absolut korrekte und fein aufeinander abgestimmte Hilfen sind die Voraussetzung für das Gelingen dieser wertvollen Übung. Auch beim Travers muß die tiefgestellte äußere Hand eine zu starke Halsbiegung verhindern.

Noch ein Hinweis: Travers ist nicht zu verwechseln mit den Traversalen. Dies sind Vorwärts-Seitwärts-Verschiebungen in das Bahninnere und eventuell zurück. Dabei bewegt sich das Pferd mit Traversstellung in die Bewegungsrichtung.

Renvers

Das Renvers ist eine Lektion, die selten geritten wird. Trotzdem soll sie hier kurz erwähnt werden. Einfach ausgedrückt ist Renvers ein Travers mit Konterstellung: Die Vorderbeine gehen wie beim Travers geradeaus, aber auf einer geraden Linie, die etwa 50 Zentimeter von der Bande entfernt liegt. Die Hinterbeine wer-

> **Merksatz:**
> Ob geradegestellt oder beim Reiten in Stellung – der Hals muß an der Schulter immer fest sein. Wackelige Hälse machen jede versammelnde Arbeit unmöglich!

den nicht in das Bahninnere, sondern gegen die Bande gedrückt. Zum Entwickeln des Renvers empfiehlt sich die Übungsfolge: Schulterherein, dann Kurzkehrt am Wechselpunkt vor der kurzen Seite und ohne Umstellung im Renvers an der langen Seite zurück, mit etwas vergrößertem Bandenabstand der Vorderbeine.

Versammelte Arbeit an der Hand
Die versammelte Arbeit an der Hand hat das Ziel, das Pferd die Zusammenwirkung der vortreibenden und verhaltenden Hilfen ohne Belastung durch das Reitergewicht zu lehren. Vor allem bei Pferden mit Gebäudefehlern und Rückenschwierigkeiten ist diese Arbeit eine wertvolle Unterstützung der gesamten Ausbildung. Die Voraussetzung hierfür wird durch eine gut aufgebaute Longenarbeit des jungen Pferdes geschaffen.

Da die Ausbildung des Pferdes an der Hand ein ganz spezielles Thema darstellt, würde eine nähere Betrachtung den Rahmen dieses Buches sprengen. Dem interessierten Reiter ist zu empfehlen, sich einen Ausbilder zu suchen, der viel Erfahrung darin hat, denn hier sind die praktischen Demonstrationen besonders wichtig.
Leider findet man sehr selten Seminare für diese Art der versammelten Arbeit.

Der größte Fehler bei der Arbeit an der Hand liegt in einer anfänglichen Überforderung. Die Arbeit ist sehr anstrengend für das Pferd, und man nimmt ihm sehr leicht die Lust zur Mitarbeit. Viel Einfühlungsvermögen und Geduld sind daher notwendig, wenn man die Freude des Pferdes an dieser Arbeit erhalten möchte.

Zwölf Merksätze für die versammelte Arbeit

1. Die Grundlage der Versammlung ist eine gut gymnastizierte Hinterhand.

2. Man kann die Gymnastizierung nicht willkürlich abkürzen, sie braucht ihre Zeit.

3. Keine Überforderung! Man muß mit kleinen Fortschritten zufrieden sein und darf das Loben nicht vergessen.

4. Alle Kraft geht von der Hinterhand aus.

5. Nach versammelten Gängen müssen immer freie Gänge folgen.

6. Beim Versammeln *tragen* die Hinterbeine – beim Zulegen *schieben* sie.

7. Der Reiter darf nicht zuviel versammelnde Arbeit fordern und die Basislektionen auf Trense nicht vernachlässigen.

8. Aus einem flauen und schwunglosen versammelten Trab kann nie ein fleißiger Antritt kommen.

9. Der versammelte Galopp muß immer ein Dreischlag und ein «Bergaufgalopp» sein.

10. Mache dich zum Herrn der Hinterhand, und du bist Herr des ganzen Pferdes.

11. Man sollte nicht jeden Tag Höchstleistungen fordern, sondern ab und zu spazierenreiten oder sein Pferd an die Hand nehmen.

12. Im richtigen Moment aufhören zu können – das ist eine Kunst, die nur wenige beherrschen.

Wissenswertes, aber oft Unbekanntes

Reitlehren und Ausbildungsvorschriften bringen in den meisten Fällen eine Standardliteratur, die für den Anfänger gedacht ist. Das ist auch richtig so, denn man kann den Reitanfänger nicht mit komplizierten Themen wie der Bewegungslehre und der Entwicklung von Schub und Schwung belasten; seine gesamte Aufmerksamkeit dient ja zunächst dem Zweck, nicht vom Pferd zu fallen.

Für den sich weiterbildenden Reiter reicht diese Basisliteratur meist nicht aus, denn in der fortgeschrittenen Reitkunst – die ja in der Klasse L ihren Anfang nimmt – gibt es Einzelthemen, die ganze Bücher füllen können, so zum Beispiel über Biegearbeit und Seitengänge, über die Arbeit an der Hand oder über Cavalettiarbeit, um nur einige zu nennen. Ein besonders wichtiges Thema für unsere jetzige Ausbildungsphase ist der Pferdehals.

Die Funktion des Halses

Wir müssen uns zunächst darüber im klaren sein, daß Pferdehals und -schweif Teile der Wirbelsäule sind, die das Pferd als eine Art «Balancierstange» benutzt. Dabei wird der Springreiter diese Funktion meist eher entdecken als der Dressurreiter, da das Baskulieren (Abtauchen von Hals und Kopf nach vorwärts-abwärts) bereits zu den Anfängen der Springausbildung gehört.

Es sollte nach der bisherigen Lektüre dieses Buches einleuchten, daß der Hals des Pferdes bei der Betrachtung des Schwerpunktes und der versammelnden Arbeit eine große Rolle spielt. Dabei soll hier weder über den

Aufsatz noch über Halsformen wie Hirschhals, Hengsthals, Schwanenhals, kurze oder schwere Hälse gesprochen werden, obwohl sich auch die Form des Halses auf unsere Arbeit auswirkt. Wir wollen hier lediglich über die Fehler sprechen, die durch falsche Arbeit am Pferdehals entstehen können.
Das erste Gebot heißt: Beim geradegestellten und geradeaus gehenden Pferd muß der Hals unbedingt gerade aus der Wirbelsäule herauskommen, und der Kopf muß gerade auf dem Hals sitzen. Dies gilt nicht nur für die Dehnungshaltung nach vorwärts-abwärts, sondern erst recht für die versammelnde Arbeit.
Das zweite, ebenso wichtige Gebot heißt: Der Hals muß an der Schulter unbedingt festgestellt sein. Er darf, auch bei der Biegearbeit, an dieser Stelle nie gebogen oder gar herumgezogen werden! Es entstehen sonst die gefürchteten wackeligen Hälse, die jede weitere Aufbauarbeit unmöglich machen. Erst nach vorn soll der sich verjüngende Hals biegsam werden und dann seine größte Biegsamkeit und Weichheit in den Ganaschen haben.
Manchmal findet man Hälse, die, von oben gesehen, eine leichte S-Form zeigen, die also zum Beispiel bei einer Rechtsstellung in den Ganaschen am Hals zunächst eine geringe Linksbiegung zeigen. Hier muß bei Dehnungshaltung nach vorwärts-abwärts und geschickter korrigierender Zügelführung der Fehler mit großer Geduld behoben werden. Dazu ist ein Reiter mit viel Gefühl und Erfahrung notwendig.
Am häufigsten findet man den Fehler des «krausen» Halses mit der Neigung, die Stirn-Nasen-Linie hinter die Senkrechte zu nehmen. Der Fehler entsteht, wenn die Pferde vorn zu kurz gehalten werden und dabei zu tief gehen. Auf die Dauer entsteht aus dieser Haltung der sogenannte *falsche Knick* mit einer anatomischen Veränderung in der Wirbelsäule (siehe auch Seite 82). Ein solches Pferd ist für die weitere Dressurausbildung nicht geeignet.
Ein weiterer Halsfehler entsteht oft bei der falsch verstandenen «Aufrichtung» des Pferdes. Statt das Pferd in den Hanken zu biegen, was zu einer relativen Aufrichtung führt (da das Pferd hinten niedriger wird), versucht mancher Reiter, das Pferd nur künstlich mit der Hand aufzurichten. Das führt nicht nur zu einem unschönen Unterhals, sondern auch zu Verspannungen im Pferderücken.
Abgesehen von den angeborenen Gebäudefehlern werden die meisten Fehler und Schwierigkeiten im Hals bei der Ausbildung «angeritten». Der unerfahrene Reiter bearbeitet sein Pferd meist viel zuviel mit der Hand.

Er reitet also von «vorn nach hinten» statt von *«hinten unten nach vorn oben»*. Ohne einen guten und behutsamen Ausbilder ist der richtige Weg der weiteren Ausbildung nicht zu beschreiten. Gute Autodidakten sind in der Reiterei sehr selten.
Als Generalregel gilt: Beim Einsatz der Hand muß man immer mehr ans Nachgeben als ans Annehmen denken – erwünscht ist die «mitdenkende» und feinfühlige Hand. Man sollte immer wieder durch Überstreichen die Selbsthaltung des Pferdes überprüfen und zur Entspannung Dehnungshaltungen nach vorwärts-abwärts nicht vergessen. Auch ein «Verwerfen» (Schieftragen des Kopfes) wird damit verhindert.

Der falsche Knick

Das An-die-Hilfen-Stellen des Pferdes ist das Ergebnis von Schub gegen die *passive* Hand bei Losgelassenheit und Weichheit in den Ganaschen. Deshalb soll sich das Pferd – immer mit dem Genick als höchstem Punkt – nach vorn an die Hand heranstrecken. Bei dieser Haltung wird die Stirn-Nasen-Linie immer *vor* der Senkrechten sein. Bei aller Weichheit und Losgelassenheit muß der Reiter aber stets eine Anlehnung nach vorn spüren. Der oft gehörte Satz «Mein Pferd geht vorzüglich – ich habe gar nichts mehr in der Hand!» zeigt, daß die sichere Anlehnung bereits verlorengegangen ist. Die Folge davon ist meist, daß das Pferd hinter die Senkrechte kippt, sich aufrollt und dann nicht mehr an den Hilfen steht. Hier hilft nur ein *kräftiges Vorwärtsreiten* mit Schenkel und Gerte. Dabei darf die Hand keinesfalls nach rückwärts wirken, sondern sie muß das Pferdemaul nach vorn locken.

Kippt das Pferd immer wieder hinter die Senkrechte oder wird es gar vom Reiter in dieser Haltung gearbeitet, dann entsteht der *falsche Knick* im Hals zwischen dem zweiten und dritten Halswirbel. Diese anatomische Veränderung zeigt auch eine unschöne Halsstellung und gestat-

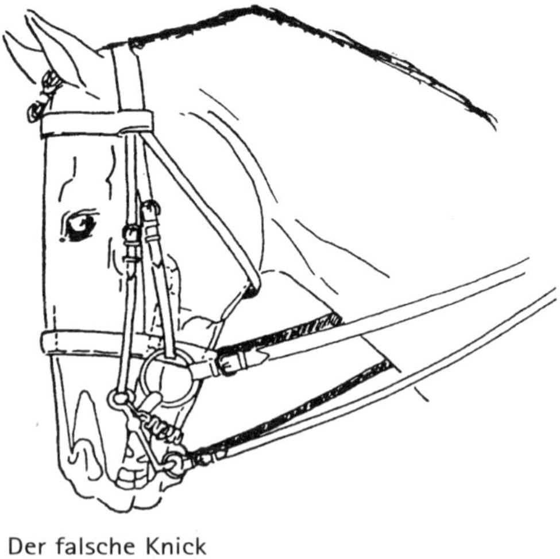

Der falsche Knick
Aus: Storl, Die Ausbildung des jungen Pferdes

tet weder eine Senkung der Hinterhand noch eine Aufrichtung oder eine Entwicklung freier Gänge. Am schlimmsten ist es aber, daß solche Pferde nicht mehr an den Hilfen stehen und somit im entscheidenden Moment nicht gehorsam sind.

Um den Fehler versuchsweise wenigstens zum Teil zu beheben, gibt es nur einen Rat: Eine drei- bis viermonatige Arbeitspause in der Dressurarbeit, mit Weidegang und langen Ausritten im Schritt mit Dehnungshaltung und der Pferdenase weit *vor* der Senkrechten.

Zusammenfassung:
Alle fehlerhaften Verformungen des Pferdehalses, ob horizontal oder vertikal, wirken sich negativ auf die versammelnde Arbeit aus. Die lineare Verbindung von der Schmalspur der Hinterbeine über den schwingenden Rücken und Hals bis in das Genick und weiter ins Pferdemaul wird im Hals unterbrochen.
Die Spannung, die vom Schwung zur Aufrichtung führen soll, geht an dieser Stelle verloren, der große schöne Bogen ist gestört.

Der fliegende Galoppwechsel

Der Handwechsel mit fliegendem Galoppwechsel gilt bei Reitern der unteren Dressurklassen meist als das Nonplusultra der gesamten Dressurreiterei. So kann man in den Reithallen oft sehr schlimme Bilder sehen, wenn ein schwacher Reiter meint, sich vor Zuschauern mit einem «fliegenden» Wechsel produzieren zu müssen. Dabei wird in den meisten Fällen nicht einmal der einfache Galoppwechsel beherrscht.
Der fliegende Galoppwechsel gehört zu den Lektionen ab Klasse M. Bevor damit begonnen werden kann, müssen folgende Voraussetzungen erfüllt sein: Das Pferd muß auf beiden Händen sicher und gerade aus dem Schritt angaloppieren können. Ferner muß es gelernt haben, den einfachen Galoppwechsel auf der Mittellinie – also ohne Anlehnung an einer Bande – *geradegestellt* auszuführen; es darf sich dabei nicht auf zwei Hufschläge stellen. Völlige Losgelassenheit und ein deutlicher erster Sprung nach vorwärts sind weitere Bedingungen.
Für unsere Arbeit in der Klasse L gibt es eine weitere unumstößliche Voraussetzung: Der fliegen-

de Wechsel darf erst dann geübt werden, wenn das Pferd auf beiden Händen sicher im Außengalopp geht. Man kann Außengalopp und fliegenden Wechsel nicht zugleich lehren – das Pferd wäre völlig überfordert. Sollte das Pferd beim Üben des Außengalopps versehentlich einmal im richtigen fliegenden Wechsel umspringen, so sollte man dies tolerieren, aber nicht bestrafen. Wir wollen uns den späteren Weg zum fliegenden Wechsel nicht vorzeitig mit Strafen verbauen, sollten aber Wert darauf legen, daß der fliegende Wechsel zunächst eine Ausnahme bleibt.

Die Arbeit an einem sicheren Kontergalopp hat in der Klassse L absoluten Vorrang.

Auch das Pferd braucht Urlaubstage

Bei der dressurmäßigen Ausbildung der Pferde findet man zuweilen Reiter, die vergessen, daß das Pferd ein Lebewesen ist. Sie sehen in ihrem Vierbeiner mehr eine Dressurmaschine, die man 23 Stunden in einem Stall stehen hat, um sie einmal täglich zu benutzen. Und in dieser einen Stunde wird dann Höchstleistung verlangt – es wird exerziert, geschimpft und geprügelt. Solche Pferde verlieren bald jegliche Leistungsbereitschaft und Gehfreude. Und wenn man ihnen endlich den «Nerv» getötet hat, dann werden diese armen Geschöpfe tatsächlich zu «Dressurmaschinen».

Man kann nicht Tag für Tag – dazu noch in einer Reithalle – Lektionen üben, ohne dem Pferd eine Pause zu gönnen. Auch das Dressurpferd braucht Licht, Luft und Bewegung in freier Natur, zudem benötigt der Pferdekörper Sonnenlicht für bestimmte wichtige biologische Vorgänge. Das Pferd braucht einen Tagesrhythmus und Kontakt zu anderen Pferden, wenn es psychisch gesund bleiben soll. Neben der Arbeit sollte das Pferd täglich mindestens ein bis zwei Stunden Auslauf im Paddock oder auf der Weide haben. Gönnen Sie sich und vor allem Ihrem Pferd auch mal einen Urlaubstag. Besuchen Sie es und gehen Sie mit ihm an der Hand spazieren, statt zu reiten. Auch an Hitzetagen oder bei Föhneinwirkung sollte man die Pferde in Ruhe lassen. Solche Tage gehören der Körper- und Hufpflege oder auch einfach nur dem «Herumtütteln». Wichtig ist immer, daß das Tier raus aus der Box kommt und Beschäftigung hat.

Bringen Sie Abwechslung in die Ausbildungsarbeit! Hierzu gehören unter anderem Longenarbeit, Arbeit an der Hand und Stangentreten. In der Dressurarbeit darf keine Monotonie und Langeweile aufkommen. Und scheuen Sie sich nicht, dem Pferd mal einen ganzen Tag Urlaub auf der Weide zu geben! Vor allem nach anstrengenden Turnier- beziehungsweise Transporttagen dürfen es gern ein paar Tage mehr sein. Die Tage draußen mit Artgenossen bringen vor allem das psychische Gleichgewicht wieder in Ordnung.

Und wie steht es mit dem Gelände? Das Reiten im Gelände wird bei der heutigen Ausbildung oft sträflich vernachlässigt. Manchmal findet man ausgesprochene «Sandkastenreiter», die ihre Pferde – meist aus Angst – nie im Gelände bewegen. Mit solchen Pferden wird man nie problemlos auf einen Turnierplatz gehen können, denn sie scheuen vor jedem Stein, Zweig, Taschentuch, Regenschirm und so weiter. Besonders Pferde, die man auf Turnieren vorstellen will, gehören regelmäßig ins Gelände, wo auch Aufmerksamkeit und Trittsicherheit gefördert werden. Der freie Galopp in der Weite der Landschaft gehört für das Dressurpferd zur Ausbildung – und ebenso zur Schulung des Reiters. Der freie Schritt am langen Zügel auf dem Heimweg wirkt wie Balsam auf die Gemüter von Mensch und Tier.

Urlaubstage von der Dressurarbeit bringen meist viel mehr, als man erwarten würde: Sie bringen auch Ausgeglichenheit, Ruhe und Besinnung.

Die Vorbereitung auf Dressurprüfungen

In den letzten Jahren hat die Neigung zum Dressurreiten auffallend zugenommen. In Deutschland starten etwa 300.000 Reiter pro Jahr – bei steigender Tendenz. Diese Tatsache ist schon deshalb erfreulich, weil mit der vermehrten Hinwendung zur Dressur eine intensive Beschäftigung mit den Regeln der Grundausbildung und der klassischen Reitkunst stattfindet. Hierbei fällt den Ausbildern die große Aufgabe zu, den Schülern einen korrekten Sitz und damit die Basis der gesamten Arbeit zu vermitteln.

Leider stellen Fachleute immer wieder fest, daß die Dressurausbildung an der Basis und auch im Mittelbau oft mangelhaft ist. So bleibt es nicht aus, daß trotz Zunahme der Dressurstarter die Qualität der Vorstellungen zu wünschen übrig läßt.

Man kann in Fachzeitungen häufig Berichte wie folgenden lesen: «In der L-Dressur werden oft Pferde vorgestellt, die mit festgehaltenem Rücken gehen, die Mängel in der Reinheit der Grundgangarten oder eine schlechte Anlehnung zeigen. Anders ausgedrückt: Es fehlen die Grundlagen eines richtig gerittenen Pferdes.» Oder an anderer Stelle: «Das Niveau in der A-Dressur war erschreckend niedrig. Von 34 Startern zeigten 15 akzeptable Leistungen. Ein großer Teil der übrigen Pferde stand überhaupt nicht an den Hilfen, ich möchte sagen, sie waren unrittig und dadurch ungehorsam.»

Solche Meinungen und Richtersprüche, auch wenn sie für die Starter nicht schmeichelhaft klingen, sind für unsere Ausbildungsarbeit sehr wichtig.

Bei der dressurmäßigen Arbeit und somit auch bei der Vorbereitung auf eine Prüfung kann man zwei Hauptfehler beobachten: In den Klassen E und A, in denen es hauptsächlich auf Sitz und Einwirkung, Grundgangarten und korrekte Hufschlagfiguren ankommt, wird häufig schlecht geritten. Nur in wenigen Fällen sieht man exakte Zirkel und Schlangenlinien. Ein Zirkel ist bekanntlich rund, und bei Schlangenlinien muß das Pferd, wenn auch nur leicht, so doch sichtbar gebogen und gestellt sein. Hier findet die mangelhafte Basisarbeit ihren deutlich sichtbaren Ausdruck.

Den zweiten Fehler bei der vorbereitenden Arbeit finden wir hauptsächlich in der Kategorie der selbsternannten fortgeschrittenen Reiter. Sie sind erhaben darüber, sich mit den «läppischen» Lektionen der unteren Klassen zu befassen und wollen bald «L auf Kandare» reiten. Sie üben und exerzieren, halten ihre Pferde vorn fest und versuchen, sie mit der Hand künstlich aufzurichten. Diesen Vorgang nennen sie dann «Versammeln». Bei Dressurprüfungen wundern sich solche Reiter dann, daß sie trotz ihrer «schönen» Lektionen nicht plaziert werden. Sie vergessen, daß das wichtigste Kriterium bei der Beurteilung das schwungvolle und losgelassene Vorwärtsgehen ist. Besonders in Klasse L bei beginnender Versammlung muß diese Forderung erfüllt werden. Korrekt gerittene Figuren und Lektionen verstehen sich jetzt von selbst.

Ein weiterer Fehler bei der Vorbereitung auf eine Prüfung liegt darin, daß die Prüfungsaufgabe zusammenhängend und insgesamt zu oft geritten wird. Daß der Reiter die Aufgabe auswendig kennen sollte, ist eine Selbstverständlichkeit – aber das Pferd darf die Aufgabe nicht «eingetrichtert» bekommen. Es besteht sonst die Gefahr, daß es den Hilfen des Reiters zuvorkommt. Natürlich muß das Pferd die geforderten Lektionen und Übergänge beherrschen und korrekt ausführen, aber beim Üben sollte man nicht immer in der Reihenfolge der Aufgabe reiten. Man darf außerdem auch das gerade und einwandfreie Stehen auf der Mittellinie beim Anfangs- und Schlußgruß nicht vergessen.

Mit aller Deutlichkeit möchte ich

noch einmal auf den Unterschied zwischen einer A- und einer L-Prüfung hinweisen: Es ist wohl allgemein bekannt, daß in *Dressurprüfungen* nicht das Können des Reiters beurteilt wird (dies geschieht in Reiterprüfungen), sondern der Ausbildungsstand und die Leistung des Pferdes. Zweifellos spielen in den Prüfungen der Klassen E und A auch Sitz und Einwirkung des Reiters eine große Rolle, da der losgelassene Balancesitz im tiefsten Punkt des Sattels zu den unumstößlichen Anforderungen gehört.

Der Unterschied in den Anforderungen von A und L ist groß. In einem Satz ausgedrückt: Ab Klasse L liegt das Hauptaugenmerk der Richter auf der Bewegung der Hinterbeine. Nicht *daß* eine Lektion geritten wird, ist wichtig, sondern *wie* sie geritten wird. Wir dürfen nie vergessen, daß die sogenannten Lektionen lediglich erprobte Hilfsmittel bei der Ausbildung unserer Pferde sind und nie Selbstzweck. Ab L gelten die Kriterien Rückentätigkeit, Losgelassenheit, Versammlung und Schwung. Dabei sollten wir immer daran denken, daß wir bei L erst am Beginn der versammelten Arbeit stehen, die sich später bis hin zu S vervollkommnen und steigern soll.

Einer der hervorragendsten Reiter und Richter des 20. Jahrhunderts, Felix Bürkner, hat über den Unterschied zwischen A und L in selten gehörter klarer und präziser Form geschrieben (s. Kasten Seiten 87 bis 89).

A-Prüfung

1. Reine, klare Fußfolge in den drei Grundgangarten, Losgelassenheit, erkennbar an der Schweifhaltung.
2. Elastisch schwingender Rücken und, mit ihm verbunden, tiefer, steter, am Sattel bleibender Sitz des Reiters, bei passiv ruhiger, auf dem richtigen Platz führender Reiterhand.
3. Raumgreifender Gang im reinsten Takt und, bei natürlich langem Halse, vertrauensvolles Heranstrecken des Pferdes an beide Zügel. Die Trense darf nicht an einer Seite weiter heraussehen als an der anderen.
4. Beginnende Durchlässigkeit, erkennbar durch williges Herantreten der Hinterbeine an die halben und ganzen Paraden, bei leichter Hergabe des Genicks.
5. Am Widerrist festgestellten Hals und geringsten Grad von Biegung bei den Wendungen im Gange, wobei das Pferd am

Hals und Genick nie stärker gebogen sein darf als im Rumpf. Erkennbarer Beginn der geraderichtenden Arbeit des Reiters.

6. Schenkelgehorsam auf einseitige Hilfen.
7. Mittelschritt im klaren raumgreifenden Viertakt am leicht anstehenden Zügel.
8. Stillstehen auf allen vier Füßen im Halten bei ruhiger Hals- und Kopfhaltung – aber noch nicht völlig am Zügel.

L-Prüfung

1. Aus dem Arbeitstrabe ist der Prüfstein der Gesamtausbildung, der schwungvolle, geschlossene Mitteltrab geworden. Geräumigkeit, Fleiß, Schwung, Gleichgewicht und Selbsthaltung müssen hier klar zum Ausdruck kommen. Die Hinterbeine müssen nahe beieinander bleiben. Keine krampfhaften Tritte, aber auch kein Schleppen oder gar ungleiches Treten dürfen sichtbar werden.
2. Verkürzter Arbeitstrab als die noch nicht ganz vollkommene Form des versammelten Trabes, etwas raumgreifender, etwas weniger Ausdruck im Tritt, aber gleichmäßig, schwungvoll ohne Spannung. In ihm klare Stellung durch Überkippen des Mähnenkammes in den Ecken, Volten und sonstigen Hufschlagfiguren.
3. Klare Tempoübergänge, Antraben aus dem Halten: erster Tritt Trabtritt.
4. Kraftvoller starker Trab des geschlossenen Pferdes in reiner Folge bei frei getragenem Halse, aber in bestimmter, dabei doch federnder Anlehnung. Sein höchster Ausdruck darf in der L nicht verlangt werden, aber der Rücken muß schwingen, und der den Schwung entwickelnde Reiter muß schmiegsam am Sattel bleiben können. Der starke Trab darf nicht über das Vermögen des Pferdes hinaus gefordert werden, reine Folge, kein Aushaken und Schleppen mit nur schmetternden Vorderbeinen.
5. Ausdrucksvoller geräumiger Mittelgalopp, der ein «Bergaufgalopp» sein muß.
6. Fleißiger, geschlossener verkürzter Arbeitsgalopp als Innen- und Außengalopp; also in Stellung und in Contrestellung. Dabei

ist Senkung der Hinterhand und Erhabenheit noch nicht so ausdrucksvoll als im versammelten Tempo, aber klarer Dreitakt bei geradegerichtetem Pferde. Lieber ein freieres Tempo, als zu stark verkürztes Tempo des auf der Vorhand liegenden oder im Viertakt galoppierenden Pferdes.

7. Hinterhandwendung: Diese bildet die Grundlage für die Versammlung, also für die Beherrschung der Hinterhand. Sie hat als solche ungeheure Bedeutung und läßt den Richter das Taktgefühl des Reiters und seine richtige Einwirkung auch mit den äußeren Hilfen klar erkennen. Sie sollte das Ziel der Ausbildung jedes Reit- und Springpferdes sein und wurde in der RV (Reitvorschrift) am Ende der ersten Trensenausbildung der jungen Remonte verlangt.

Die Grundlage des richtig ausgebildeten Dressurpferdes zeigt sich hiernach klar in den L-Prüfungen. Diese sind deshalb schwierig, weil in ihnen eben das gerade Pferd schon am Zügel stehen muß. Diese Prüfung ist bestimmt schwieriger zu reiten als die M-Prüfung, weil nur das gerade Pferd auf einem Hufschlag vorgestellt wird, der Reiter also keine Lektion, keine noch so kurze Reprise bekommt, in welcher er die Möglichkeit hat, durch Längsbiegungen die gerade Richtung zu verbessern. Wie bei allen Dressurklassen, so sollte man auch in der L nur ein Pferd vorstellen, welches bereits M-reif ist. Für den Richter ist es nicht so schwer, durch die Grundlage der Dressur beim L-Pferd durchzusehen als bei einer höheren Klasse, in welcher der erfahrene Teilnehmer immer wieder Möglichkeiten bekommt, sein Pferd reiterlich zu richten.

Die Ausführungen wurden entnommen aus «Reiten und Fahren, Richten und Pferdezucht», 1967, Deutsche Richtervereinigung

Oberst Bürkner war von 1939 bis 1943 einer der letzten Leiter der Kavallerieschule Hannover, die sich zum Schluß in Krampnitz bei Berlin befand. Er war Leiter der berühmten Schulquadrille.

Zu nachstehender Ausführung in Klasse L, Ziffer 4, muß erwähnt werden, daß der *starke Trab* heute in L-Prüfungen noch nicht gefordert wird, wohl aber eine Verstärkung des Mitteltrabes, der bereits in Klasse A gezeigt werden muß.

Zum Schluß noch ein Rat: Manche Reiter neigen dazu, sich und ihr Pferd zu einer Prüfung besonders «chic» zu machen. Sie kaufen eigens für den Prüfungstag neue Ausrüstungsgegenstände wie Satteldecken, Gerte,

Sporen, Stiefel und eventuell sogar ein neues Gebiß für das Pferd. Von solchen Neuanschaffungen kurz vor der Prüfung ist dringend abzuraten, da die meisten Pferde auf alles Neue und Ungewohnte kritisch reagieren. Selbst den neuen Zylinder sollte man dem Pferd zu Hause bereits einmal gezeigt haben. Schließen Sie bitte hier jedes Risiko aus. Üben Sie zu Hause auch schon einmal mit ein paar weißen Tüchern, die Sie auf die Bande gelegt oder an die Begrenzung des Außenplatzes gehängt haben. Sie wissen ja: «Vorsicht ist die Mutter der Weisheit... und der Porzellankiste!»

Und noch etwas: Vergessen Sie bei Zäumung auf Kandare nicht, die Zügel nachzufassen beziehungsweise immer wieder zu ordnen; es ist nicht nur erlaubt, sondern manche Richter wollen dies bewußt sehen.

Und bitte reiten Sie bei Ihrer ersten L-Prüfung nicht in einer Haltung ein, die signalisiert: «Entschuldigen Sie, daß ich es auch einmal versuche...» – sondern, vorausgesetzt, Sie haben sich gut vorbereitet, mit einem Blick, der aussagt: «Will hier außer mir etwa noch jemand gewinnen?»

Ich wünsche Ihnen guten Erfolg und viel Spaß auf Ihrem Weg von A nach L!

Auch Spaß muß sein

Nach so vielen wissenschaftlich-hippologischen Ausführungen über Dressurprüfungen möchte ich meinen Lesern eine heitere Betrachtung nicht vorenthalten.

Ich war als Zuschauer bei einer L-Prüfung, die für die Abnahme für das Silberne Reiterabzeichen geritten wurde.

Groß war meine Verwunderung, als ein Teilnehmer die Wertnote 7,5 für einen Ritt erhielt, der nach meiner Meinung nicht einmal für das Bronzene Abzeichen ausgereicht hätte. Das Pferd stand während der gesamten Prüfung kaum an den Hilfen, und die Lektionen fielen deshalb entsprechend mangelhaft aus.

Neugierig fragte ich die Richter, wie sie trotz der schlechten Leistungen zu dieser Wertnote gekommen seien. Darauf erhielt ich die Antwort: «Der Teilnehmer hatte ein sehr schwieriges Pferd. Wir wissen aber, daß er ein guter Reiter ist – und das haben wir berücksichtigt.»

Dieses nicht schöne, aber keinesfalls weltbewegende Ereignis erzählte ich beiläufig einer Reitschülerin von mir. Jennifer Chappatte hat Kunst studiert und ist eine ausgezeichnete Karikaturistin. Wenige Tage darauf schenkte sie mir eine treffende Schilderung dieses Prüfungsereignisses.

«Das wird eine 7,5 – er hat immer einen ganz vorzüglichen Bordeaux im Keller!»

Nachwort: Vom Fühlen – und vom Glück der rhythmischen Bewegung

Wer mit Anstand und Eleganz eine L-Aufgabe reiten kann, der hat ein Können erreicht, das einem großen Teil der Dressurreiter verwehrt bleibt. Auf dieser Leistungsstufe scheiden sich aber auch meist die Geister für die weitere Entwicklung: Entweder man geht den Weg des Reit-*Handwerkers*, oder man wendet sich der Reit*kunst* zu. Schlägt man den zweiten Weg ein, dann gehört dazu – das handwerkliche Können als Selbstverständlichkeit vorausgesetzt – eine geistige Weiterbildung auf den Gebieten der Verhaltensforschung, der Psychologie des Pferdes und in eine Richtung, die ich mit «Fühlen der Bewegung» bezeichnen möchte. Ein großer Reiter hat einmal gesagt: «Reiten heißt *fühlen.*»

Unter Weiterbildung verstehe ich in erster Linie das Studium der Lektüre unserer großen Meister wie: Felix Bürkner, Hans von Heydebreck, Wilhelm Müseler, Alois Podhaisky, Waldemar Seunig, Gustav Steinbrecht und andere. Natürlich erlernt man das Fühlen nicht allein vom Lesen, aber das theoretische Wissen bildet die geistige Grundlage.

Ich habe die Erfahrung gemacht, daß es unter wirklich guten Dressurreitern keine dummen und primitiven Menschen gibt. Beim Studium der Literatur erwerben wir uns bald die Grundauffassung über die klassische Ausbildung, die in kurzen Sätzen heißt: Das Hauptgewicht der klassischen Reitkunst ist darauf gerichtet, die Schönheit der Bewegung des Pferdes, die es in freier Natur zeigt, auch unter dem Reiter zu erhalten und zu kultivieren. Dies bezieht sich nicht nur auf das Spiel im Herdenverband, sondern auch auf die stolze Manier eines Hengstes bei der Imponierhaltung.

Reinheit der Gänge und Regelmäßigkeit der Tritte sind unabdingbare Voraussetzungen für ein Dressurpferd. Es muß trotz der

Lektionen in den höchsten Klassen die naturgegebenen Gänge beibehalten. Dies ist das Ziel der *Reitkunst*.

Lassen Sie mich bitte zum Schluß ein paar Gedanken über das «Fühlen» äußern, und über das Glück, dies zu empfinden.

Wer sich ernsthaft der Dressurreiterei zuwendet und jahrelang bei einem guten Lehrer Unterricht nimmt, der entdeckt irgendwann eine neue Erlebnisphase des Reitens. In dieser Phase kommt zu der technisch-handwerklichen Hilfengebung das «Fühlen» hinzu; das Erfühlen der Rittigkeit, der Losgelassenheit, der Schwingung des Pferderückens und des Bewegungsablaufes.

Ich erinnere mich noch genau an den Tag, der nun viele Jahrzehnte zurückliegt, an dem sich mein vierjähriges, erstes eigenes Pferd zum erstenmal im Rücken losließ und ich diese Schwingungen herrlich aussitzen konnte. Das sind die Stunden, die man in der Reiterei «Sternstunden» nennt.

Hat ein Reiter diese Reitfertigkeit und ein Pferd diesen Ausbildungsstand erreicht, dann geht es primär eigentlich nur noch um diesen Schwingungszustand des Pferderückens, der durch einen rhythmischen Bewegungsablauf hervorgerufen wird. Reiten heißt nun, den Rhythmus der Bewegung zu erfühlen und sich ihm anzugleichen.

Aber nicht nur auf dem Dressurviereck oder im Winter in der Halle erlebt der fortgeschrittene Reiter nun eine neue Dimension des Reitens, sondern auch im Gelände.

Man fühlt den Viertakt des Schrittes – fleißig, aber doch gelassen; eine Gangart, die wohltuend beruhigt und an eine Schaukelbewegung erinnert. Ist es ein unbewußtes Erinnern an das Geschaukeltwerden des Säuglings in der Wiege? Wiege und Schaukelstuhl erzeugen, wie der Schritt des Pferdes, einen Urzustand der Gelassenheit und glücklichen Geborgenheit. Das Bummeln im Gelände am langen Zügel bei untergehender Sonne gehört zu diesen wunderbaren Erlebnissen.

Der Trab mit seinem rhythmisch bestimmten Zweischlag bringt den Pferderücken zum Schwingen. Es ist übrigens wenig bekannt, daß der Begriff des schwingenden Rückens relativ neu ist. Er stammt von B. H. von Holleuffer, der bis 1887 am Militär-Reitinstitut Hannover lehrte und wirkte. – Trab heißt aber nicht nur mitschwingen, sondern dabei vorwärtsreiten! Der Reiter ist wie gefangen in einer rhythmischen Bewegung, die über weite Strecken in schöner Landschaft so stark auf ihn einwirkt, daß er sich ihr ganz hingibt. Es entsteht ein tranceähnlicher Zustand mit trotzdem hellwachem Geist.

Der Galopp in der Natur wird zum Erlebnis eines unendlichen

Schwebens – einer Glücksempfindung, die den Wunsch auslöst, es dürfe nie mehr aufhören. In diesen Augenblicken begreift der Mensch, daß das Leben vom Rhythmus getragen wird...und es erscheint zeitlos.
Ich weiß, daß die vorstehenden Ausführungen bei sehr nüchtern und sachlich denkenden Reitern kein Verständnis finden. Wer beim Ausreiten mit seinem «Sportgerät» nur über Stoppelfelder toben will oder wer andererseits bereits im Schritt sein Pferd ängstlich und verkrampft festhält, der weiß nicht, wovon hier gesprochen wird. Er weiß nicht, was ein Reiterherz empfinden kann – und er weiß sicher auch nichts anzufangen mit einem Satz von Rudolf Binding:
«Dem Geist der Schwebe sollst du freund sein. Der Schwebende ist immer im Gleichgewicht. Bleibe beim Pferd wie der Vogel auf dem Rücken der Luft bleibt, die ihn trägt. Dies ist das Geheimnis des Vogels, sei es auch deines. Wer schwebt, fällt nicht.»

(R. Binding, Reitvorschrift
für eine Geliebte)

In diesem Buch wurde viel über die *Arbeit* mit dem Pferd gesprochen: die lösende Arbeit, die versammelnde Arbeit, die Arbeit an der Hand und so weiter. Das könnte Außenstehende oder auch nicht besonders wohlgesonnene Kritiker zu der Folgerung verleiten, es handle sich bei der Dressurausbildung nur um ein endloses Schuften und Exerzieren. Zugegeben, Reiten ist zuweilen harte Arbeit, zum Beispiel bei verrittenen und schwierigen Pferden und vor allem für berufliche Bereiter. Aber unsere Arbeit wird dann gut belohnt, wenn sich das Pferd losgelassen hat, bereit ist zur Mitarbeit, wenn die Gehfreude kommt und wir die Kraft der Bewegung spüren, die aus den Hinterbeinen kommt: die Kraft des Schubes beim Zulegen sowie auch die tänzerische Erhabenheit beim Versammeln. Und wenn das Pferd mit schöner Losgelassenheit und Zufriedenheit geht, dann empfindet der Reiter tief in sich etwas, was ihn glücklich und dankbar macht.

Ist es letztlich nicht das Glück der Bewegung, die vom Pferd ausgeht und in uns den Zustand von Glück und Dankbarkeit schafft? Diesen Dank sollten wir an das Pferd zurückgeben!

Anhang:
Die Kür mit Musik

In den letzten Jahren ist es üblich geworden, daß bereits bei Dressurprüfungen ab Klasse L eine Kür mit Musik als Stechaufgabe geritten wird. Die meisten Reiter gehen zwar mit Spaß und viel Courage an diese Aufgabe heran, aber bei der Auswahl der Musik schlägt die Freude oft in Verzweiflung um – so man sich überhaupt intensiv mit der Musikwahl auseinandersetzt. Manche nehmen ohne großes Nachdenken ein Musikband mit Titeln, die sie mögen und die gerade in Mode sind. Der Ablauf des Geschehens sieht dann meist so aus: Einritt – Musik an – Gruß und «Abspulen» der Lektionen – Schlußgruß – Musik aus.

Bei einem solchen Ablauf handelt es sich nicht um eine Kür mit Musik, sondern um Dressurreiten mit musikalischer Untermalung. Manchmal wird die Musik sogar zur simplen Geräuschkulisse.

In vergangenen Zeiten sahen die Musikküren meistens so aus. Oft waren sie Pausenfüller auf reiterlichen Veranstaltungen. Als Musik diente meist der Walzer «An der schönen blauen Donau», bei gehobenem Niveau verwendete man manchmal auch Mozarts «Kleine Nachtmusik». Man aß dabei seine Bratwurst und diskutierte über das vorhergegangene Springen.

Wurden Küren wettkampfmäßig ausgeschrieben, so konnte man in der Ausschreibung in der Regel lesen: «Musik ist vorhanden, eigene Bänder können mitgebracht werden.» Auch bei der vorrätigen Musik handelte es sich meist um Strauß-Walzer, also ohne Frage eine schöne Musik.

Mancher Leser wird vielleicht fragen, was es denn an diesem Modus auszusetzen gebe beziehungsweise was daran zu ändern sei.

Bereits seit 1989 ist das Reiten nach Musik – als Einzelkür oder Quadrille – durch FN-Vorschriften geregelt. Merkblätter hierzu wurden im «Handbuch für Reit- und Fahrvereine» der FN veröffentlicht. Es handelt sich um das

Merkblatt A «Dressurprüfungen Kür-Einzel» und das Merkblatt B «Musik für Reiten und Fahren». Ferner gibt es ein Merkblatt von der Deutschen Richtervereinigung: «Dressurprüfungen Kür».

Ich habe die Erfahrung gemacht, daß es viele Dressurreiter mit Kür-Ambitionen gibt, die von der Existenz dieser Merkblätter nichts wissen, und möchte diese daher im folgenden vorstellen.

Merkblatt A: Dressurprüfungen Kür-Einzel für Reiter, Ausbilder, Richter und Veranstalter

1. Sinn und Zweck

Das Reiten von Kürprüfungen hat eine sehr lange Tradition. Bereits im 17. Jahrhundert gab es das sogenannte Roßballett mit Musik vor dem Publikum. Heute stellen Kürprüfungen eine Bereicherung der Dressurwettkämpfe dar. Dressurküren sind sehr publikumswirksam, da von den vorgegebenen Pflichtaufgaben abgewichen und durch die Musik sowie die Kreativität Dressur attraktiv dargeboten wird. Grundlage für die Kür ist die freie künstlerische Gestaltung im Rahmen der vorgegebenen Anforderungen.
Ein Kürprogramm muß nicht alle Lektionen enthalten, die in der entsprechenden Klasse im Aufgabenheft vorkommen. Jedoch müssen in einer Kür die «verlangten Lektionen» enthalten sein, die für die jeweilige Klasse kennzeichnend sind. Dafür gelten die Richtlinien für Dressur-Kür-Einzel und die Notenbogen zum Richten von Kürprüfungen.
Wichtig ist die freie Gestaltung des Programms mit der Möglichkeit, besondere Stärken des Pferdes in Übereinstimmung mit der Musik herzustellen.
Der Reiter sollte vermeiden, nur die konventionellen Modelle von Dressurprüfungen wiederzugeben. Erwartet werden schöpferischer Ideenreichtum und Einfühlungsvermögen. Die verschiedenen Klassen bieten bei der Anordnung und Reihenfolge der einzelnen Grundgangarten und Lektionen unzählige Möglichkeiten.

«Der Freiheit eine Gasse»

Die Grundsätze der Reitlehre – «Skala der Ausbildung» – sind die unabdingbaren Voraussetzungen auch für Kürprüfungen. Gerittensein des Pferdes und Reitkunst des Reiters bleiben entscheidende Kriterien.
Kürprüfungen haben einen hohen Lehrwert für den Reiter. Die Musik lehrt ihn, im richtigen Tempo zu reiten und «Taktgefühl» im engeren Sinne des Wortes.

2. Rahmenvorschriften

Maßgebend für die Ausschreibung und Bewertung sind die entsprechenden LPO-Bestimmungen § 400 ff. und die Anforderungen an das Reiten in Dressurprüfungen im Aufgabenheft der LPO. Die Pferde dürfen in Kürprüfungen nicht bandagiert sein. Die Reiter müssen korrekte Turnierkleidung tragen.

3. Gestaltung

Gefordert ist die ideenvolle Kombination von Lektionen der entsprechenden Klasse, der Grundgangarten und Tempi.
Wichtig sind der Ablauf und die Vollständigkeit der Lektionen in Übereinstimmung mit der gewählten Musik.

3.1 Aufbau

Verlangt werden die Mindestanforderungen, die in den Richtlinien für Dressurprüfungen-Kür-Einzel verlangt und in den Notenbogen vorgeschrieben sind. Folgende Hinweise sind beim Aufbau zu beachten:

1. Zu Beginn und zum Schluß der Kür ist der Gruß im Halten auf der Mittellinie obligatorisch. Die Zeitmessung beginnt, sobald der Reiter sich nach dem Halten vorwärts bewegt, und endet mit der Schlußaufstellung und dem Gruß.
2. Die Linien, die der Reiter wählt, müssen klar erkennbar sein. Ein Fachmann muß in der Lage sein, sie sofort zu bezeichnen (zum Beispiel Zick-Zack-Traversalen auf einer Diagonalen). Die Bahnpunkte dienen als Orientierungspunkte. Sie brauchen nicht wie in Pflichtaufgaben korrekt angeritten zu werden.
3. Das Viereck sollte im Ganzen ausgefüllt werden.
4. Eine zu starke Betonung *einer* Gangart oder spezieller Lektionen ist zu vermeiden.
5. Der Aufbau muß dem Leistungsvermögen von Pferd und Reiter angemessen sein.
6. Im Rahmen der Schrittphase sind Kurzkehrtwendungen beziehungsweise Schrittpirouetten erlaubt. Rückwärtsrichten und Schaukel unterbrechen die Schrittphase. Der Schritt kann als versammelter, Mittel- oder starker Schritt gezeigt werden. Tempiwechsel erhöhen den gestalterischen Wert. Einzelheiten ergeben die Notenbogen.
7. Die Seitengänge – auf beiden Händen – müssen so angelegt sein, daß sie klar zu beurteilen sind.
8. Bei den Galoppwechseln zu vier oder drei Sprüngen müssen mindestens drei Wechsel in Serie geritten werden. Bei Wechseln zu zwei Sprüngen oder von Sprung zu

Sprung sind mindestens fünf Wechsel erforderlich.

9. Auf dem Mittelzirkel kann nur Mittel- und nicht starker Trab gezeigt werden. Das Reiten von starkem Galopp ist auf den Zirkeln möglich.

10. Eine Piaffe (mindestens zehn Tritte) muß auf gerader Linie geritten werden. Wird eine Piaffe nur als Pirouette gezeigt, müssen wenigstens zehn Tritte vor oder nach dem Wenden gezeigt werden. In diesem Fall wird die Lektion als höherer Schwierigkeitsgrad anerkannt.

11. Bei der Passage sollen mindestens 20 Meter auf gerader oder gebogener Linie geritten werden. Eine Passage nur in der Traversale reicht als Erfüllung der Pflichtlektion Passage nicht aus. Sie ist jedoch im Schwierigkeitsgrad höher zu bewerten.

12. Reiten mit Zügeln in einer Hand ist erlaubt.

Nicht empfehlenswert sind zum Beispiel:

1. Lektionen wie Halten, Rückwärtsrichten, Schaukel und Hinterhandwendungen, da sie in der Regel den Bewegungsfluß stören.

2. Die Aneinanderreihung von Lektionen, die ausschließlich dem höchsten Schwierigkeitsgrad der jeweiligen Klasse entsprechen. Eine Kür sollte auch Phasen enthalten, in denen die Grundgangarten und leichteren Lektionen zur Geltung kommen.

3. Lektionen und Lektionenfolgen, die in Pflichtaufgaben in gleicher Weise verlangt sind.

4. Zu häufiger Wechsel der Grundgangarten.

3.2 Schwierigkeitsgrad

Es ist eine Mischung von Grundgangarten und Basislektionen mit den höchsten Anforderungen der jeweiligen Klasse erforderlich. Der vorgesehene Schwierigkeitsgrad muß im Einklang mit der Ausbildung und dem Können von Pferd und Reiter stehen.

Es sollten nur Lektionen gezeigt werden, die in der jeweiligen Klasse verlangt sind. Eine Steigerung des Schwierigkeitsgrades (zum Beispiel durch doppelte Pirouetten) ist möglich. Übertreibungen (zum Beispiel dreifache Pirouetten) sind aufwendig in bezug auf Zeitbedarf und die körperliche Belastung des Pferdes.

Erwünscht ist eine ausgewogene Darstellung der Grundgangarten, Einzellektionen und wirkungsvoll eingeflochtener Höchstschwierigkeiten der entsprechenden Klasse (siehe auch 3.1).

3.3 Musik

Die Wahl der Musik ist in das freie Ermessen gestellt.

Die Musik muß den Anforderungen angemessen sein, sei sie «klassisch» oder «modern».
Gangarten, Tempi und Lektionen sollten mit der Melodie aufeinander abgestimmt sein.
Besonders positiv ist zu werten, wenn der Reiter die Musik interpretiert. Dafür empfiehlt sich die Aneinanderreihung von mehreren Musikstücken oder -teilen, zum Beispiel zur Betonung besonderer Höhepunkte. Musik und reiterliche Darbietung müssen in einem harmonischen Zusammenhang stehen. Die Rhythmen der Musik sollten auf die Bewegungsabläufe abgestimmt sein. Tempo- und Taktänderungen der Musik haben Vorrang vor Übergängen an Bahnpunkten.
Die Musik kann es erforderlich machen, daß neue oder unübliche Hufschlagfiguren geritten werden. Vokalmusik sollte möglichst nicht verwendet werden. Einzelgesang wirkt ablenkend. Ein Zusammenschnitt von Pop und Klassik ist problematisch, obwohl in Ausnahmefällen Stilmischungen anerkannt werden können (es wird zum Beispiel ein spezielles musikalisches Thema gewählt und in klassischer und moderner Weise interpretiert). Kürprüfungen, bei denen die Musik nur Untermalungsfunktion hat, wirken phantasielos.
Es ist erlaubt und sogar empfohlen, schon für das Einreiten Musik zu verwenden. Dies kann besonders effektvoll sein. Darüber hinaus kann sich der Reiter davon überzeugen, daß musiktechnisch alles in Ordnung ist.
Sollte die Musik während der Kür infolge eines technischen Versehens aussetzen (zum Beispiel Reißen des Bandes), setzt der Reiter seine Prüfung fort. Die Richter legen nach der Prüfung gemeinsam (auch bei getrenntem Richten) die Note für die künstlerische Gestaltung fest.

4. Bewertung

Grundlage der Bewertung muß die Beurteilung nach den Kriterien der Reitlehre sein. Verlangt und bewertet werden die Lektionen der entsprechenden Klasse. Werden darüber hinaus schwierigere Lektionen gezeigt, führt das zu Abstrichen in der Note «Künstlerische Gestaltung».
Die Richter sollten beim gemeinsamen Richten jeweils ein Kurzprotokoll diktieren. Hierzu kann der Notenbogen als Hilfsmittel verwandt werden. Besondere Beachtung ist dem Schlußsatz zu widmen.
Die Benotung von Kürprüfungen sollte im Regelfall wohlwollender vorgenommen werden als in vergleichbaren Pflichtaufgaben.
Positiv zu bewerten ist, wenn Reiter Mut zu schwungvollem, risikoreichem Vorwärtsreiten und Originalität beweisen.
Kürprüfungen, die reiterlich gut ausgeführt sind, aber nur einen niedrigen Schwierigkeitsgrad aufweisen, müssen mit entspre-

chenden Abschlägen bewertet werden. Andererseits kann ein guter Aufbau deutliche reiterliche Mängel nicht ausgleichen.

4.1 A-Note: Ausführung

Die Note ergibt sich aus der Summe der Teilnoten von 0 bis 10 der einzelnen verlangten Grundgangarten, sowie unterschiedlicher Tempi und der Pflichtlektionen. Beim getrennten Richten wird die Notensumme zu einer Note zwischen 0 und 10 umgerechnet.
Beim gemeinsamen Richten wird eine entsprechende Note gegeben.

4.2 B-Note: Künstlerische Gestaltung

Hier müssen folgende Kriterien beurteilt werden:

1. Rhythmus, Energie, Elastiziät (gemessen an Takt, Schwung, Durchlässigkeit und Gehorsam)
2. Reiterliche Darbietung, Harmonie (Sitz und Einwirkung)
3. a) Choreographie (Ausnutzung des Vierecks, Linienführung, Originalität, und inhaltlicher Ideenreichtum)

   b) Schwierigkeitsgrad (Angemessenheit/Risiko)

   c) Musik (Anpassung an Bewegungsabläufe, Harmonie zwischen Musik, Pferd und Reiter)

Die Bewertung erfolgt mit Noten von 0 bis 10 nach den Vorgaben der Notenbogen mit Koeffizienten.

4.3 Abzüge

Abzüge werden für Zeitunter- oder Zeitüberschreitung, für fehlende Lektionen und Gangarten gegeben. Geringfügiges Unter- beziehungsweise Überschreiten der Zeit (circa 10 Sekunden) sollte unberücksichtigt bleiben, falls zum Beispiel widrige Bodenverhältnisse und Störungen von außen dies rechtfertigen.
Nicht gezeigte Lektionen und Grundgangarten führen beim getrennten Richten in der entsprechenden Spalte der A-Note zur Note 0. In der B-Note wird für die «Choreographie» 0,2 abgezogen.
Beim getrennten Richten sollte der Chefrichter selbst Einfluß auf die Betätigung der Glocke haben.

5. Zuschauerinformation und Ergebnisbekanntgabe

Vor der Kürprüfung sollte eine ausführliche Zuschauerinformation über den Sinn und Zweck der Ausschreibung erfolgen.
Nach jedem Ritt oder dem Ritt des folgenden Teilnehmers muß zunächst die A-, dann die B-Note (jeweils zwischen 0 und 10) und erst danach die Gesamtnote – Summe aus beiden Noten – dem Publikum mitgeteilt werden. Etwaige Abzüge müssen ebenfalls besonders erläutert werden.

Merkblatt B: Musik für Reiten und Fahren

Überall, wo mit Musik geritten oder gefahren wird, erscheint sehr oft das gleiche Problem: das Finden der passenden Musik. Beim Musikreiten, das in vielen Ställen vor allem in den Wintermonaten gepflegt wird, dient die Musik lediglich der Untermalung: ein flotter Marsch, eine lustige Polka machen fröhliche Stimmung und regen oft auch das Temperament der Pferde an. Bei der Quadrille und anderen Kür-Prüfungen gehört die Musik zum wesentlichen Bestandteil. Sie muß zum Bewegungsablauf der einzelnen Gangarten passen und bestimmt die gesamte Atmosphäre. Die Musik muß tragendes Element des Geschehens sein und fügt das optische und akustische Erlebnis zu einer Einheit zusammen.

Auswahl der Musik

Die Musik, sei sie klassisch oder modern, ist in das freie Ermessen gestellt. Sie sollte melodisch und rhythmisch interessant sein, denn sie soll nicht nur beim Publikum ankommen, sondern auch den Reiter selbst beschwingen.
Vokalmusik ist kaum geeignet.
Die Musik sollte der Qualität der Vorstellung angepaßt sein.
Eine Vorstellung im Rahmen der Dressurprüfung Klasse S lebt von anderer Musik als der erste Auftritt im Rahmen einer Dressurprüfung Klasse E. Die Wahl der Musik sollte den reiterlichen Anforderungen ensprechen.
Man beachte auch, daß es heitere Musik gibt: Offenbach, Strauß, Suppé, Ragtime – und solche mit festlichem Charakter: Händel, Haydn, Mozart, Tschaikowsky.
Werden mehrere Musikstücke zusammengefügt, dann müssen sie in ihrer Atmosphäre und Instrumentierung zusammenpassen.
Also nicht: Blasmusik und Kammermusik, Händel und Strawinsky.
Je mehr Pferde sich in der Bahn befinden, desto lauter und kraftvoller kann die Musik sein; Einzelkür und Pas de Deux vertragen auch zarte, tänzerische Melodien und entsprechende Orchesterbesetzung.

Übereinstimmung der Musik mit den Gangarten

Dazu benötigen wir Musik mit 100 bis 110 Schritten, 140 bis 160 Trabtritten und 90 bis 100 Galoppsprüngen pro Minute.
Beim Übergang von einer Gangart in die andere sollte die Musik nicht willkürlich abgerissen sein, sondern man bringe immer ein musikalisches Thema, eine Phase, zu Ende.
Musik und Choreographie können es erforderlich machen, daß neue oder unübliche Hufschlagfiguren geritten werden.

Interpretation
Besonders positiv ist zu werten, wenn die Musik interpretiert wird, das heißt: Steigerung der Lautstärke verlangt Verstärkung des Tempos, Leiserwerden bedeutet Versammlung.
Tänzerisch gebundene Melodien (Menuett, Gavotte) eignen sich für Kreisbogen und Schlangenlinien, hämmerndes Stakkato zum Geradeausreiten.
Vor allem in der Einzelkür und beim Pas de Deux besteht die Möglichkeit, besondere Stärken des Pferdes (der Pferde) in Übereinstimmung mit der Musik herauszustellen und die Musik zu interpretieren.
Es ist erwünscht, bereits beim Einreiten Musik zu verwenden.
Zu einer gelungenen Interpretation gehört auch, daß der Gruß, vor allem der Schlußgruß, mit dem Schlußakkord des Musikstückes sekundengenau zusammenfällt.
Das klassische Ballett sollte unser großes Vorbild sein.
Harmonie und Schönheit bei frischer Vorwärtsbewegung sind das Ziel aller Dressur – dies gilt uneingeschränkt auch für alle Reitvorführungen mit Musik.

Alle Dressurprüfungen mit Musik, von der Einzelkür bis zur Quadrille, unterliegen den Bestimmungen der Merkblätter. Auch die Basisarbeit bei der Planung und beim Aufbau ist gleich und kann wie folgt zusammengefaßt werden.

Die drei Säulen der Planung:

1. Die dressurmäßigen Anforderungen nach den Vorschriften der LPO

2. Die Choreographie und das Schaubild

3. Die passende Musik

Obwohl ich die Musik an dritter Stelle nenne, ist sie das tragende Element des gesamten Geschehens.

Zu 1. Die dressurmäßigen Anforderungen werden in der A-Note bewertet. Die Anforderungen der Klasse L sind im abgedruckten «Leitfaden» ersichtlich, der dem Aufgabenheft gemäß LPO entnommen ist.

Zu 2. Die Choreographie wird zusammen mit der Musik in der B-Note (künstlerische Gestaltung) bewertet. Hier heißen die wichtigsten Grundsätze: Die Choreographie unterliegt der freien künstlerischen Gestaltung, Ideenreichtum ist gefragt. Dabei darf sich der Reiter eventuell von den Bahnpunkten lösen. Die Linienführung der Figur beziehungsweise Lektion muß aber erkennbar bleiben. Standfiguren und solche aus dem Halten heraus unterbrechen den Fluß der Vorwärtsbewegung und sind zu vermeiden.

Leitfaden zum Richten einer Dressurprüfung

Klasse L – Kür – Einzel

Viereck 20 x 40 Meter – Dauer: dreieinhalb bis vier Minuten

A-Note (Ausführung)

Pflichtlektionen	Bemerkungen
Mittelschritt (mind. 40 m zusammenhängend)	
Kurzkehrt rechts und/oder links	
Versammelter Trab	
Volte im Trab rechts und/oder links	
Mitteltrab	
Versammelter Galopp	
Volte im Galopp rechts und/oder links	
Mittelgalopp	
Außengalopp rechte Hand	
Außengalopp linke Hand	
Einfacher Galoppwechsel von rechts nach links	
Einfacher Galoppwechsel von links nach rechts	
A-Note	

B-Note (Künstlerische Gestaltung)

Allgemeiner Eindruck		Bemerkungen
Rhythmus, Energie und Elastizität in Grundgangarten und Tempi (Takt und Schwungentwicklung)		
Harmonie zwischen Reiter und Pferd (Sitz und Einwirkung des Reiters, Durchlässigkeit und Vertrauen des Pferdes)		
Choreographie. Gleichmäßige Einteilung des Vierecks, klare Linienführungen, Originalität, ideenreicher Inhalt		
Schwierigkeitsgrad. Einhalten der Anforderungen, Angemessenheit von Risiken und Leistungsvermögen, Beachten der Klassischen Dressur		
Musik, Gesamteindruck. Übereinstimmung der Bewegungsabläufe und Übergänge mit der Musik, Gesamteindruck der musikalischen Darbietung und dressurmäßigen Leistung		
B-Note (ohne Abzüge)		
Abzüge - für Auslassen von Lektionen und/oder Gangarten	0,2	
- für Zeitfehler	0,2	
B-Note		

Zeitdauer, Zeitmessung und Viereck-Abmessungen kann man den Merkblättern beziehungsweise Leitfäden entnehmen.

Zu 3. Das Thema Musik ist sehr groß und kann hier nur in den wichtigsten Punkten berührt werden.

a) Die Musik soll das tragende Element des Geschehens sein und nicht Geräuschkulisse oder Untermalung. Sie bestimmt das Niveau der Vorstellung.

b) Sie soll rhythmisch und melodisch interessant sein.

c) Sie soll auf den Bewegungsablauf der Pferde, den Typ des Paares Reiter/Pferd und auf das reiterliche Können abgestimmt sein. Auch die Musikstücke müssen zueinander passen.

d) Die Musik ist bereits beim Einreiten erwünscht. Besonders positiv wird die Interpretation der Musik bewertet. Dazu gehört auch die Übereinstimmung des Schlußgrußes mit dem Schlußakkord der Musik.

e) Nicht geeignet ist Vokalmusik, weil sie vom Geschehen auf dem Viereck ablenkt und damit technische Fehler kaschieren kann.

Drei beachtenswerte Sätze aus dem Richter-Merkblatt lauten:
«Grundsätzlich ist festzustellen, daß die gewählte Art der Musik zu dem Paar Pferd und Reiter ‚passen' muß. Das ist eine Frage des Stils, des Einfühlungsvermögens und auch des Geschmacks.»
«Kürprüfungen, bei denen die Musik nur Untermalungsfunktion hat, wirken phantasielos und sind abzulehnen, da sie dem Sinn einer Dressur-Kür widersprechen.»
«Nicht empfehlenswert ist alles, was unruhig, zu schaubetont oder möglicherweise sogar zirzensisch wirken könnte.»

Dressurreiter, die sich für die Musik-Kür interessieren, sollten jede Gelegenheit nutzen, sich Ballettaufführungen beziehungsweise -übertragungen anzuschauen. Beim Ballett wird die Übereinstimmung zwischen Musik und Bewegungsabläufen vorbildlich demonstriert.

Für die Dressur-Kür ist Ballettmusik meist sehr gut geeignet. Die hier vorkommenden kurzen und in sich abgeschlossenen Szenen entsprechen oft genau unseren Vorstellungen. Auch vom Niveau her eignet sich solche Musik – sie ist zwar klassisch, aber meist fröhlich und vor allem

«gehfreudig». Als Komponisten empfehle ich Adam (Giselle), Donizetti, Rossini und Tschaikowsky.
Die Einzelkür mit Musik in eleganter Vollendung gehört zu den Wunschträumen vieler Dressurreiter; sie genießt darüber hinaus das Wohlwollen eines großen Publikums. Ausverkaufte Häuser und Begeisterungsstürme auf solchen Veranstaltungen beweisen es. Wir stehen am Anfang einer neuen und förderungswürdigen Disziplin der Reiterei, und es sieht so aus, als würde die Kür mit Musik nun sogar olympiareif werden. Von der Einzelkür bis zur Quadrille erleben wir eine Renaissance des alten Roßballetts.
Bei aller Begeisterung für diese schöne und noble Art der Reiterei dürfen wir jedoch nicht vergessen, daß die Lehre der klassischen Reitkunst eine unabdingbare Voraussetzung bleiben muß.

Mehr über die Einzelkür, über Planung, Musikauswahl und alle anderen wichtigen Aspekte rund um dieses Thema erfahren Sie in «Musik zum Reiten» von Werner Storl. Das Buch ist ebenfalls im Müller Rüschlikon Verlag in der Reihe «Reiter- und Fahrerbibliothek» erschienen.

Der Autor

Werner Storl widmet sich seit vielen Jahren der Ausbildung von Pferden und Reitern. Der Spezialist für Reiten nach Musik gibt sein Wissen unter anderem bei Seminaren und Vorträgen an ein breites Publikum weiter.

Von Werner Storl sind im Müller Rüschlikon Verlag bereits die Bücher «Die Ausbildung des jungen Pferdes», «Musik zum Reiten» und «So lernt man reiten» erschienen. Der Autor lebt in Tangstedt bei Hamburg.

Adressen

Deutschland:
Deutsche Reiterliche Vereinigung
Freiherr-von-Langen-Straße 13
D-48231 Warendorf
Telefon: 02581/63620

Österreich:
Bundesfachverband für Reiten und Fahren
Geiselbergstrafle 26-32/512
A-1110 Wien
Telefon: 01/7499261

Schweiz:
Schweizer Verband für Pferdesport
Blankweg 70, Postfach
CH-3072 Ostermundingen
Telefon: 031/9315624

Sachregister

Literaturverzeichnis

- Binding, R.G., Reitvorschrift für eine Geliebte, 1962. Gütersloh: Bertelsmann; Neuauflage 1995
- Deutsche Reiterliche Vereinigung, Richtlinien für Reiten und Fahren, Band 1 und 2. Warendorf: FN-Verlag
- Deutsche Richtervereinigung, 1967, Reiten und Fahren, Richten und Pferdezucht. Warendorf
- Knopfhart, A., Dressur von A-S. CH – Cham: Müller Rüschlikon Verlag
- Reitvorschrift, 1912, HDV Nr. 12. Berlin
- Seunig, W., 1960, Von der Koppel bis zur Kapriole. CH-Zürich: Fretz & Wasmuth
- Steinbrecht, G., 1978, Gymnasium des Pferdes. Aachen: Dr. Georgi
- Storl, W., 1992, Die Ausbildung des jungen Pferdes.
  CH – Cham: Müller Rüschlikon Verlag
- Storl, W., 1995, Musik zum Reiten. CH - Cham: Müller Rüschlikon Verlag

Aus der Reihe
Reiter- und Fahrerbibliothek
sind folgende Titel erhältlich:
Stand: April 96
Reiter- und Fahrerbibliothek
Laura Fry
Besser Dressurreiten
Reiter- und Fahrerbibliothek
Martin Haller
Kleine Fahrlehre
Ein praktischer Leitfaden für das Fahren mit Pferden
Müller Rüschlikon
Reiter- und Fahrerbibliothek
Alfred Knopfhart
Dressur von A-S
4. Auflage
Müller Rüschlikon
Reiter- und Fahrerbibliothek
Werner Storl
Musik zum Reiten
Für Einzelkür, Pas de deux und Quadrillen
3. überarbeitete und erweiterte Auflage
Müller Rüschlikon
Pareys Reiter- und Fahrerbibliothek
Werner Storl
Die Ausbildung des jungen Pferdes
Paul Parey 2. Auflage
Pareys Reiter- und Fahrerbibliothek
Werner Storl
So lernt man reiten
Paul Parey 2. Auflage
Pareys Reiter- und Fahrerbibliothek
Heinrich Schusdziarra
Volker Schusdziarra
Reitergespräche
Der Weg zum unabhängigen Sitz
Paul Parey 2. Auflage
Pareys Reiter- und Fahrerbibliothek
Hans von Heydebreck
Die deutsche Dressurprüfung
Paul Parey 3. Auflage
Pareys Reiter- und Fahrerbibliothek
Josef Kastner
Ulrike Zechner-Trummer
Selbstgeführtes Bewegungstraining für den Reiter
Paul Parey 2. Auflage
Müller Rüschlikon
Müller Rüschlikon
Verlags AG
Gewerbestrasse 10
CH-6330 Cham
Tel. ++41(0)41 740 30 40
Fax ++41(0)41 741 71 15